1947 के बाद
भारत
कुछ स्मरण, कुछ टिप्पणियाँ

1947 के बाद भारत

कुछ स्मरण, कुछ टिप्पणियाँ

वाणी इतिहास श्रृंखला

राजमोहन गांधी

अनुवाद
अरुण कुमार त्रिपाठी

वाणी प्रकाशन

प्रकाशन के उत्कृष्टतम 61 वर्ष

vaniprakashan.com

सजिल्द पहला संस्करण : 2024

वाणी प्रकाशन
4695, 21-ए, दरियागंज, नयी दिल्ली-110 002
फ़ोन : +91 11 23273167, 23275710
शाखाएँ
अशोक राजपथ, पटना-800 004, बिहार
कॉफ़ी हाउस कैम्पस, महात्मा गांधी मार्ग, प्रयागराज-211 001, उत्तर प्रदेश
महात्मा गांधी अन्तरराष्ट्रीय हिन्दी विश्वविद्यालय, वर्धा-442 001, महाराष्ट्र
36/ए, शेक्सपियर सरणी, रानी बिरला गर्ल्स कॉलेज के पास, कोलकाता-700 017, प. बंगाल
sales@vaniprakashan.in
vaniprakashan@gmail.com

1947 Ke Baad Bharat
Kuchh Smaran, Kuchh Tippaniyan
by Rajmohan Gandhi
Translated by Arun Kumar Tripathi
Hindi translation of English original published by Aleph Book Co.
India after 1947 : Reflections & Recollections

ISBN : 978-93-6287-722-2
History

मूल्य : ₹ 495

जी.एस. ऑफ़सेट, दिल्ली-110 095 में मुद्रित

वाणी प्रकाशन का लोगो मक़बूल फ़िदा हुसेन की कूची से

अनुक्रम

प्राक्कथन

अगर हीरे की झिलमिलाहट इतनी अद्‌भुत होती है तो हीरक जयन्ती भी एक राष्ट्र की सेहत पर बढ़िया रोशनी डाल सकती है। इसलिए अपनी आज़ादी की 75वीं जयन्ती एक ऐसा मौक़ा है जब हम यह सवाल पूछ सकते हैं कि क्या हम मुक्त होकर और आत्मविश्वास के साथ साँस ले पा रहे हैं। इसके साथ यह पूछने का अवसर भी है कि हम जिस हवा में साँस ले रहे हैं, वह स्वच्छ और ताजग़ी पैदा करने वाली है या उसमें धूल, रसायन और ज़हरीले प्रचार की धूम है।

इन्हीं सवालों पर विचार के लिए प्रस्तुत है यह छोटी-सी पुस्तक। इस लेखक जैसे किसी वरिष्ठ व्यक्ति के संस्मरण और प्रतिक्रियाएँ भारत के युवाओं की विराट सेना के किसी प्रतिनिधि के विचार से एकदम अलग होंगी। लेकिन हम सब साँस तो उसी हवा में ले रहे हैं। हालाँकि आज के भारत के युवा की चुनौतियाँ और अवसर उससे एकदम अलग हैं जिसका सामना हमारे जैसे लोगों ने किया था (मेरा जन्म 1935 में अन्य लोगों के मुकाबले एक सुविधा-सम्पन्न स्थिति में हुआ था, लेकिन वहाँ संघर्ष की परम्परा भी थी)। इसलिए इस वर्णन में जो निजी पक्ष है, वह कुछ लोगों के लिए रोचक हो सकता है।

हालाँकि मुझे उम्मीद है कि इन पृष्ठों में वर्तमान और भविष्य का जो वर्णन है वह पाठकों का ध्यान आकर्षित करेगा। क्या भारत के भविष्य को पीड़ित होने की वह प्रतिशोध वाली भावना संचालित करेगी, जिसने आज हिन्दू राष्ट्रवाद के वरिष्ठ और युवा पैरोकारों को जकड़ रखा है और वह भी एक ऐसे भारत में जहाँ पर अर्थव्यवस्था, राजनीति, मीडिया, संस्कृति और हर चीज़ पर हिन्दू हावी हैं? या फिर हिन्दू, मुस्लिम, ईसाई, सिख, बौद्ध, पारसी या अन्य समुदाय के शान्त, चिन्तनशील, आत्म-आलोचना करने वाले लेकिन आत्मविश्वासी भारतीय युवक एक ऐसे भारत का निर्माण करेंगे, जो फलफूल रहा हो, न्यायप्रिय हो और दुनिया को प्रेरणा देने वाला हो?

चाहे-अनचाहे इसी तरह के सवालों ने इस किताब को लिखने की प्रेरणा प्रदान की है। इस किताब को लिखने की प्रेरणा देने के लिए मैं डेविड को और मीन मेख निकालने वाले एक लेखक के पाठ को एक बार फिर सम्पादित करने का साहसिक दायित्व दिखाने के लिए पुजिता को धन्यवाद देता हूँ। हर देश और काल के अपने नायक होते हैं। उनके ईमानदार कामों की ख़बर हर समय हम तक नहीं पहुँच पाती। लेकिन हाल के वर्षों में भारत के विभिन्न हिस्सों में तमाम नायक प्रकट हुए हैं। इनमें कार्यकर्ता हैं, वकील हैं, विद्वान हैं, बहादुर अफ़सर हैं, ऐसे पुलिस अफ़सर हैं, जो नागरिक अधिकारों का सम्मान करते हैं और ऐसे जज हैं, जो अपनी शपथ के लिए ईमानदार हैं। इस पुस्तक को लिखते समय मैंने उनका स्मरण किया है और उन्हें सलाम किया है।

चूँकि स्वतन्त्रता और समता की भावना को शक्ति देने और उसे बहाल करने के संघर्ष की आधारशिला यह है कि मानवाधिकार पर होने वाले हमले का दस्तावेज़ीकरण किया जाये, इसलिए मैं इस पुस्तक को उन निहत्थे रिपोर्टरों और फ़ोटोग्राफ़रों, उन मेहनती महिलाओं और पुरुषों को समर्पित करता हूँ जो कमजोर लोगों के अधिकारों की उपेक्षा या उनके हनन को दर्ज करने के लिए ऐसे हर तरह का जोखिम उठाते हैं, जिसके बारे में हम सोच सकते हैं। वे कमजोर लोग जिनसे स्वतन्त्र भारत में पूछताछ की जाती है, जिन्हें तिरस्कृत किया जाता है और जिनके पीछे व्यवस्था पड़ी रहती है।

अप्रैल, 2022 **–आरजी**

प्रस्तावना

आज़ादी के पचहत्तर साल बाद भारत के समक्ष कुछ यक्ष प्रश्न उपस्थित हैं। इनमें सबसे कठिन प्रश्न तो रोज़गार और महँगाई के बारे में हैं। लेकिन हमारे लोकतन्त्र का सवाल अगर उससे ज़्यादा नहीं तो कम कठिन भी नहीं है। जैसे कि हमारे लोगों का संवैधानिक अधिकार कितना सुरक्षित है? क्या समान नागरिकता की अवधारणा, जिसे हासिल करना कठिन माना जाता है और जो अक्सर व्यवहार में ठुकरा दी जाती है, उसे एक आदर्श के तौर पर हमेशा के लिए ख़ारिज कर दिया जायेगा? क्या राज्य भारतीय समाज के भीतर अधिकारों का एक पदानुक्रम निर्धारित करने जा रहा है? क्या हम लगातार लोकतन्त्र को मिटा देने के झटके झेल रहे हैं?

भारत की स्थितियों का एक दो टूक आकलन किया जाना ज़रूरी है। इसी के साथ वर्ष 2022 अतीत के स्मरण का सबसे उपयुक्त समय है। इसीलिए कुछ स्मरण और कुछ टिप्पणियों के साथ यह छोटी-सी पुस्तक आपके समक्ष है। इस पुस्तक में एक ओर अध्ययन और विश्लेषण है तो दूसरी ओर कुछ स्मृतियाँ हैं। स्मृतियों को यह सोच कर शामिल किया गया है कि वे प्रासंगिक हैं और इस उम्मीद के साथ भी कि वे रोचक हैं।

स्मरण उस दीर्घ जीवन से उठाये गये हैं जो आज़ादी के बाद के वर्षों में जिया गया है। जबकि टिप्पणियों में लेखक ने मौजूदा प्रवृत्तियों, जिसमें कि हिन्दू राष्ट्रवाद का दबाव शामिल है, का आकलन किया है। यहाँ परिप्रेक्ष्य को स्पष्ट करने के लिए वैश्विक इतिहास के एक हिस्से की याद दिलाना भी मददगार हो सकता है। ऐसा अनुमान है कि पिछली सदी के पूर्वार्ध में जो विश्व युद्ध हुए और उनसे सम्बन्धित जो तबाही और अकाल हुए उनके कारण दुनिया में दस करोड़ लोग मारे गये। इस तरह बीसवीं सदी मानव इतिहास की सभी सदियों में सबसे जानलेवा साबित हुई है। लेकिन 1945 में समाप्त हुए विश्व युद्ध के बाद बीसवीं सदी के बाक़ी बचे 55 सालों में स्वतन्त्रता, समता और बन्धुत्व के पथ पर मानव इतिहास ने सर्वाधिक प्रगति की।

सबसे पहले अपने देश सहित, एशिया के देशों और फिर अफ्रीका के देशों ने यूरोप के उपनिवेशकों से आज़ादी हासिल की। अपने देश के साथ कई दूसरे देशों में राष्ट्रीय स्वाधीनता के साथ ही महिलाओं, सामाजिक रूप से दलित वर्ग और धार्मिक, जातीय और आदिवासी अल्पसंख्यक समाजों के लिए बराबरी के अधिकार भी दिये गये। सन् 1948 में की गयी मानवाधिकार की सार्वभौमिक घोषणा में इस बात पर ज़ोर दिया गया कि हर मनुष्य जन्मजात रूप से स्वतन्त्र है और गरिमा और अधिकारों के मामले में समान है। हर व्यक्ति सभी प्रकार के अधिकारों और स्वतन्त्रताओं का अधिकारी है। उसके साथ नस्ल, रंग, लिंग, भाषा, धर्म और राजनीतिक या भिन्न विचार के आधार पर कोई भेदभाव नहीं किया जायेगा। इन बातों को पूरे विश्व का समर्थन मिला।

निश्चित तौर पर 1945 से लेकर 2000 तक का समय हिंसा मुक्त नहीं था। सन् 1947 में भारत-पाकिस्तान, 1971 में बांग्लादेश, 1955 से 1975 तक वियतनाम, 1975 से 1979 तक कम्बोडिया, 1990 के दशक में बाल्कन कुछ ऐसे स्थल थे जहाँ इन पचपन वर्षों में भारी हिंसा हुई। इसके अलावा फ़रवरी 2022 से पूर्वी यूरोप में एक क्रूर युद्ध की शुरुआत हुई जिसके परिणाम दूरगामी होने वाले हैं।

हालाँकि व्यापक परिप्रेक्ष्य में कहें तो बीसवीं सदी के उत्तरार्ध को अगर एक कालखण्ड या युग माना जाये तो इस दौरान मानव गरिमा और सुरक्षा के मामले में असाधारण प्रगति हुई। जैसे-जैसे उत्तरार्ध आगे बढ़ा वैसे-वैसे *गवर्नेंस में लोकतन्त्र और अधिकारों में समता मानवता के आदर्श बनते गये।*

हम यहाँ गर्व के साथ यह स्मरण कर सकते हैं कि वैश्विक प्रगति के इस आख्यान में भारत उचित तरीक़े से प्रमुख रहा है। दुनिया इस बात से हैरान थी कि उस देश में कैसे लोकतन्त्र फल-फूल सकता है जहाँ की आबादी इतनी ज़्यादा है, जिनमें तमाम लोग ग़रीब हैं, जहाँ बहुत लोग शिक्षा से वंचित हैं और जिसका इतिहास औपनिवेशिकता के साथ ही पदानुक्रम, सामाजिक विभाजन और धार्मिक तनावों से भरा हुआ है। दुनिया इस बात से बहुत चकित थी कि भारत के लोगों ने विभाजन के बावजूद सभी को समान अधिकार दिये। हालाँकि कुछ इलाक़ा अलग रास्ते पर चला गया लेकिन लगता है कि भारत में यह सुनिश्चित किया गया कि *आपका मज़हब न तो आपकी राष्ट्रीयता तय करेगा और न ही नागरिकता का दर्जा।* बाद में 1990 के दशक के आरम्भ में दुनिया उसी तरह परिवर्तित हुई, जब दक्षिण अफ्रीका रंगभेद से मुक्त हो गया और उसने घोषणा की कि वह अफ्रीकी, एशियाई मिश्रित लोगों समेत सभी का देश है। *वहाँ नस्ल राष्ट्रीयता का आधार नहीं है।* सन् 1947 के

बाद भारतीयों और उनकी सरकार ने दक्षिण अफ्रीका में समता के लिए चलने वाले वैश्विक अभियान और हर अफ्रीकी देश की आज़ादी के लिए ख़ुशी-ख़ुशी योगदान दिया।

इस बीच ऐसा लगा कि यूरोप एक हो रहा है और दुनिया का एक महाद्वीप ऐसा भाग्यशाली है जिसमें *राष्ट्रीय सीमाएँ यात्रा और रोज़गार में बाधक नहीं बनेंगी।*

हमारी मौजूदा यानी इक्कीसवीं सदी के आठ साल बीतने के बाद एक और आशाजनक मोड़ आया जब एक काला व्यक्ति अमेरिका का राष्ट्रपति चुना गया। हालाँकि शीघ्र ही *एक बेचैन करने वाली वैश्विक लहर दिखाई पड़ने लगी।* तमाम जगहों पर वर्चस्व का ज़ोर बढ़ गया। उसने समता को चुनौती दी। वर्चस्व की प्रवृत्ति देशों के भीतर भी बढ़ी और आबादी का एक हिस्सा अपने को वास्तविक अधिकारी, प्रामाणिक और वैधानिक बताने लगा। अचानक दुनिया के सबसे शक्तिशाली देश में नारा लगने लगा कि 'अमेरिका गोरों का है'। यह नारा अब्राहम लिंकन और मार्टिन लूथर किंग जैसे व्यक्तियों के समावेशी स्वप्न के विरुद्ध था। अमेरिका में शुरू हुए इस प्रकार के आह्वान या दावे का असर दुनिया के दूसरे हिस्सों में भी पड़ा और वैसे ही दावे होने लगे। कहा जाने लगा कि हर यूरोपीय देश उसके जातीय समूहों की मिलकियत है। और उसी प्रकार ईरान और इराक़ शियाओं का है, तुर्की सुन्नियों का है और ऑस्ट्रेलिया गोरों का है वग़ैरह-वग़ैरह।

और भारत हिन्दुओं का है।

वर्चस्व की प्रवृत्ति जैसे-जैसे शक्तिशाली होती गयी उसने समता को दरकिनार करना शुरू कर दिया। बहुसंख्यकवाद ने बहुलवाद को दरकिनार करना शुरू किया तो अधिनायकवाद लोकतन्त्र से ज़्यादा आकर्षक लगने लगा। यह प्रवृत्ति ट्रंप के रूप में अमेरिका में प्रकट हुई तो अर्दोआन के रूप में तुर्की में, बोलसोनारो के रूप में ब्राजील में, ओरबन के रूप में हंगरी में और भारत में मोदी के उभार के तौर पर।

यह वैश्विक प्रवृत्ति कैसे बनी? इतिहासकारों को इस बारे में दो या तीन कारणों को चिह्नित करने में समय लगेगा। हालाँकि यह बात स्पष्ट है कि महासागरों और महाद्वीपों के आर-पार वस्तुओं और व्यक्तियों के आवागमन में अचानक आयी तेज़ी ने इस दिशा में योगदान दिया। वैश्वीकरण ने एक देश से दूसरे देश के भीतर आकांक्षाएँ बढ़ायीं और विभाजन तीव्र कर दिये। कुछ तबकों के पास अचानक सम्पत्ति में इज़ाफ़ा हो गया और दूसरों के हिस्से में ग़रीबी की खाई में गिरना आया। आप्रवासी या वे लोग जो हमारे जैसे नहीं थे उन्हें आसानी से इस स्थिति के लिए ज़िम्मेदार बताया जाने लगा।

हम जितनी तेज़ी से वैश्विक हो रहे थे उतनी ही तेज़ी से आदिम हो रहे थे। इसके लिए कुछ और कारक ज़िम्मेदार थे जैसे कि 2001 में जो 9/11 की घटना हुई और उसके अलावा वैश्विक विवाद से कोई वास्ता न रखने वाले नागरिकों के साथ जो हिंसा हुई, जिसे कई बार इस्लाम के नाम पर किया गया उसके नाते शासकों ने इस काम में विदेशी या देशद्रोही या जिहादी लोगों के हाथ होने की कहानी गढ़ ली, भले ही वे लोग शामिल न रहे हों। कमज़ोरियों और विफलताओं पर एक ईमानदार क़िस्म के अवलोकन से परहेज़ करना आसान हो गया।

काल्पनिक 'बाहरी' लोगों के विरुद्ध एकजुटता सिर्फ़ आसान ही नहीं थी बल्कि मादक, संक्रामक और विषैली भी थी। यह तंज़ अक्सर किया जाने लगा कि यह मुल्क हमारा है न कि तुम्हारा या तुम्हारे जैसे लोगों का। इस तंज़ ने उनके भीतर विषैलापन पैदा किया जो इसे कर रहे थे और उनके भीतर दहशत पैदा की जो इसके निशाने पर थे। जो लोग तंज़ कर रहे थे, जो कि अपने में एक तरह की धमकी भी थी, वे उसकी दहशत से ख़ुश हो रहे थे। इस तंज़ के साथ एक अहंकारी दोहरा मानदण्ड निर्धारित हो रहा था। जो कहता था कि "हम जो चाहें कहें और जो चाहें वह करें। अगर राज्य हमें चुनौती देता है तो वह हमारा अपराध साबित करे। लेकिन दूसरा व्यक्ति अपराधी है जब तक वह अपनी पूरी ताक़त और संसाधन लगाकार अपने को निर्दोष साबित न कर दे।'

यहाँ एक तीसरा कारक भी है। व्हाट्सअप और इस तरह के अन्य मंचों ने कुछ लोगों को यह क्षमता दे दी कि वे तत्काल नफ़रत का तूफ़ान उठा सकें। उनका सत्ताबोध आसमान पर पहुँच गया। अगर आप उनके हैं तो आपको लगेगा जैसे कि आप तड़ित हैं। आप सत्ता से कितने भी मदमस्त हों लेकिन आप आख़िरकार मनुष्य ही है जिसके भीतर कहीं न कहीं सत्य की कोई चिनगारी बची रहती है। इसलिए आप यह भी जानते हैं कि नफ़रत का जो ज़हर आपको उछाल रहा है वह आपको प्यार नहीं करता। वह आपको भीतर से जंग लगा रहा है। अन्त में वह आपको नष्ट कर देगा। लेकिन आप भीतर से बजने वाली उस घण्टी की आवाज़ को अनसुना कर देते हैं।

इतिहास का अनुभव बताता है कि चारों ओर पसरी हुई नफ़रत विशेषकर जब वह घृणा निरन्तर होने वाले प्रचार और पट्टी पढ़ाने वाले काम से रग-रग में भरी जा रही हो और उस पर सर्वशक्तिमान राज्य का वरदहस्त हो तो उसे मिटा पाना आसान नहीं होता। वास्तविक हमलों से होने वाले ज़ख़्म और नफ़रतों के घाव तो वक़्त और इन्साफ़ के साथ भरे जा सकते हैं लेकिन लगातार झूठी सूचनाओं से जो राय बनती है वह ज़िद्दी क़िस्म की हो जाती है।

यूरोप में एक सदी पहले यानी 1920 और 1930 के दशक में सत्ता की लालसा, झूठे प्रचार और भावुक भाषणबाजी ने महाद्वीप की समस्याओं के लिए यहूदियों को ज़िम्मेदार बना दिया। उसके बाद वे नफ़रत और अवमानना के लक्ष्य बन गये। आख़िरकार द्वितीय विश्व युद्ध हुआ और एक भयानक क़िस्म की आग ने नफ़रत के उस जंगलीपन को ख़त्म कर दिया जिसमें पलकर कई लोग बड़े हुए थे।

हम तो सिर्फ़ यह प्रार्थना कर सकते हैं कि कोई करुणामयी हस्तक्षेप हो और उससे दुनिया में फैल रहे वैमनस्य के मौजूदा चक्र का अन्त हो। यह वैमनस्य अक्सर सत्ता की लिप्सा, दमन के लिए हासिल की जाने वाली सत्ता से मिल जाता है और नफ़रत इसी को अपना संगी बना लेती है। विषैली नफ़रत को ख़त्म करना एक बेहद कठिन काम हो गया है, जिसे हम समय और दैवी शक्तियों के भरोसे छोड़ सकते हैं। सम्भव है कि वक़्त और दैवी शक्तियाँ मानव को यह अहसास करा दें कि अपने समाज के सदस्यों के प्रति की जाने वाली नफ़रत एक ज़हर है।

दूसरी ओर कोई भी व्यक्ति अज्ञानता या दूषित सूचनाएँ घटाने का काम कर सकता है और वह लाभकारी ही होगा। आंशिक तौर पर इसी यक़ीन के साथ आगे के पन्ने भरे गये हैं। इतिहास के सत्य पत्थर दिलवालों को तो पिघला नहीं सकते। लेकिन वे दूसरे दिमाग़ों में अपनी जगह बना सकते हैं। जहाँ वे नुक़सान नहीं पहुँचायेंगे।

'हाँ, राम हैं' इस शीर्षक से लिखा गया पहला अध्याय उन सवालों को सम्बोधित है जो भारत के जीवन और इतिहास में राम के विचार, छवि और व्यक्तित्व के कारण उठे हैं। इनमें हाल के वर्षों में पड़े प्रभाव भी शामिल हैं। यह निजी अनुभवों से शुरू होता है और उन बड़े सवालों को उठाने की कोशिश करता है जो कि अयोध्या में भव्य राम मन्दिर के निर्माण के साथ ओझल नहीं हुए हैं।

दूसरा अध्याय 1947 के विभाजन और अखण्ड भारत के विचार के बारे में है जो कि उन सवालों को उठाता है जो आज भी चर्चा में रहते हैं। रैडक्लिफ लाइन के दोनों ओर रहने वाले ज़्यादातर लोग इसे मिटाना नहीं चाहते और न ही वे यह चाहते हैं कि राजनीतिक रूप से यह उपमहाद्वीप एक हो जाये। इस तरह की किसी इच्छा का कोई प्रमाण नहीं है। फिर भी 1947 का विभाजन रोज़ाना भारतीय राजनीति को आहत करता है। इस बात की एकदम स्पष्ट समझ ज़रूरी है कि यह क्या था और कैसे हुआ। व्यवस्था की जो भी आलोचना करते हैं उन पर यही फ़िकरा कसा जाता है कि तुम पाकिस्तानी एजेंट हो या तुम्हें पाकिस्तान चले जाना चाहिए। चाहे वे मुसलमान हों, सिख हों, ईसाई हों या चाहे जो हों। यह अध्याय उस बारे में सम्बन्धित सवालों का सामना करता है। वह अनाड़ी स्थान यानी पाकिस्तान जहाँ अक्सर गद्‌दारों

को भेजने की धमकी दी जाती है आख़िर कैसे अस्तित्व में आया? संक्षेप में वह विभाजन आज की दृष्टि से क्या था जिस पर गांधी, नेहरू और पटेल शर्मनाक तरीक़े से 1947 में राज़ी हो गये?

तीसरा अध्याय अपने सुर और साज में दूसरे अध्याय से भिन्न है। 1947 के बाद का 'भारत' शीर्षक से लिखा गया यह अध्याय स्वतन्त्र भारत का निजी और समयबद्ध इतिहास प्रस्तुत करता है। इसे लेखक के कुछ अपने अनुभव और साबके के आधार पर लिखा गया है।

चौथा अध्याय है 'गांधी सुरक्षित हैं'। यह उन लोगों को सम्बोधित है जो सोचते हैं, उन्होंने आबोहवा के असर या यूट्यूब के वीडियो, जिनमें कुछ उनको ग़लत तरीक़े से पेश करते हैं, के माध्यम से गांधी को समझ लिया है। यह अध्याय उन सवालों का जवाब है कि चूँकि गांधी का चेहरा आज भी हर जगह दिखता है, तो उन्हें पढ़ने की आवश्यकता क्या है? या यह कहने वाले भी हैं कि क्या हम उस व्यक्ति को नहीं जानते जिसने कहा था कि 'अगर कोई एक गाल पर थप्पड़ मारे तो दूसरा गाल आगे कर दो।' मैंने इस अध्याय को इसलिए नहीं लिखा है क्योंकि मैंने गांधी को काफ़ी कुछ पढ़ा है। ज़्यादा महत्त्वपूर्ण कारण यह है कि गांधी जिन चीज़ों के विरुद्ध थे और किन चीज़ों के पक्ष में थे और यह आज भी भारत में एक विवादित मुद्दा है।

पाँचवाँ अध्याय है 'यहाँ से हम कहाँ पहुँचेंगे?' यह अध्याय उस कठिन प्रश्न का कुछ सम्भव उत्तर प्रस्तुत करता है।

आइए, पहले अध्याय से शुरू करते हैं।

हाँ, राम हैं

यहाँ मैं अपने दिवंगत, कुशाग्र और स्मृतियों में बार-बार उतरने वाले अनुज रामू (1937-2007) की चर्चा करना चाहूँगा जो हमसे दो वर्ष छोटे थे। युवा रामू के बहुत सारे गुणों में एक गुण उनकी उन जादुई उँगलियों में था जो क्रिकेट की बॉल को असाधारण रूप से फिरकी करा देती थीं। हमारे माता-पिता रामू के बचपन की एक बात को मुस्कुरा कर सुनाते थे, जो उन्होंने एक अतिथि से कही थी : 'मेरी माँ इंटर पास है।'

आज इस बात को बहुत कम लोग समझ पायेंगे कि उस बात ने हमारे माता-पिता को क्यों गुदगुदाया था। 1940 के दशक में कुछ परीक्षाओं को पास करने के बाद इंटर (इंटरमीडिएट) का सर्टीफिकेट मिल जाता था और उससे किसी को भी यह विश्वास होता था कि आप ने आधा बी.ए कर लिया है। यह कुछ वैसे ही था जैसे उन दिनों ट्रेनों में थर्ड और सेकेंड क्लास के बीच एक इंटरमीडिएट क्लास होता था। मेरी माँ लक्ष्मी जब काशी हिन्दू विश्वविद्यालय में सफलतापूर्वक इंटर की परीक्षा देने के लिए दिल्ली से बनारस (उस वक़्त हम उसे वैसा ही बोलते थे) की ट्रेन में सवार हुईं, तब तक वे तीन बच्चों को जन्म दे चुकी थीं।

मेरी माँ का जन्म 1912 में तमिल देश के सैलम में हुआ था और उनके पास इतनी बुद्धि थी कि वे ग्रेजुएट और उससे भी ज़्यादा योग्यता हासिल कर सकें। हालाँकि उनके वकील पिता, चक्रवर्ती राजगोपालाचारी ग़रीबी में जन्मे थे लेकिन बाद में वे इतना कमाने लगे थे कि अपने सभी बच्चों को स्कूली और कॉलेज की शिक्षा दे सकें। लेकिन तब तक स्वतन्त्रता आन्दोलन ने ज़ोर पकड़ लिया। इसका परिणाम यह हुआ कि सीआर या राजाजी ने अपने कमाऊ करियर की जगह अनिश्चितता, संघर्ष और बार-बार जेल जाने वाला जीवन चुन लिया। अख़बार वाले चक्रवर्ती राजगोपालाचारी को सीआर या राजाजी इसलिए लिखते थे क्योंकि उनके एक कॉलम के लिए चक्रवर्ती राजगोपालाचारी नाम बहुत लम्बा बैठता था।

राजाजी के स्वतन्त्रता आन्दोलन में कूदने का परिणाम यह हुआ कि लक्ष्मी और उनसे बड़ी अन्य चार भाई-बहनों की शिक्षा बाधित हो गयी। बाद में उनसे ज़ो बन पड़ा उन्होंने वह पढ़ाई की।

अपनी माँ लक्ष्मी और पिता देवदास की 1933 में हुई शादी की कहानी मैंने अन्य स्थानों पर कही है जो कि रहस्य-रोमांच से रहित नहीं है। मेरे पिता और माता एक दूसरे से विवाह करने का जो सपना 1927 से देख रहे थे, उसके पूरा होने से कुछ समय पहले ही पिता अंग्रेज़ों की जेल में जान से हाथ धोने वाले थे। उसके बाद जब पुणे में उनकी शादी हुई और मेरे माता-पिता दिल्ली में अपना दाम्पत्य जीवन शुरू करने वाले थे उसके पहले भी कई घटनाएँ हुईं। मेरे पिता दिल्ली के हिन्दुस्तान टाइम्स में नौकरी शुरू करते उससे पहले वे अचानक फिर गिरफ़्तार कर लिए गये और 21 वर्ष की तमिल युवती को दिल्ली जैसे अनजान शहर में अकेले चुनौतीपूर्ण जीवन जीने के लिए छोड़कर नये सिरे से कई माह के कारावास पर चले गये।

यहाँ यह कहना काफ़ी होगा कि 1940 के दशक के मध्य के पूर्व ही यानी ज़ब मेरी मां 'इंटर पास' हुईं, तब 1945 की गर्मियों तक माता-पिता और उनकी चार सन्तानें नयी दिल्ली के कनॉट सर्कस में एक इमारत की दूसरी मंजिल के अपार्टमेंट में अच्छी तरह रहने लगे थे। यह पूरी इमारत *हिन्दुस्तान टाइम्स* ने किराये पर ले रखा था, ज़हाँ मेरे पिता 1937 से सम्पादक थे। इस इमारत में हमारी मंजिल से नीचे सम्पादकीय और बिजनेस विभाग के दफ़्तर थे और भूतल पर प्रिंटिंग प्रेस दहाड़ता रहता था।

हमारे अपार्टमेंट के एक कोने में अम्मा ने अपने कमरे में रखी एक आलमारी के ऊपरी सतह पर बाला जी का नौ इंच लम्बा फ्रेम किया हुआ फ़ोटो रखा हुआ था। हर सुबह लगता था कि वे उस चित्र के समक्ष एक संक्षिप्त प्रार्थना अर्पित करती थीं। लेकिन उनके लिए एक क्षणभंगुर और निजी क़िस्म की प्रार्थना थी। आलमारी की ऊपरी सतह एक तो हम बच्चों के लिए बहुत ऊँची थी और उसने हमारे भीतर कभी भी यह जिज्ञासा नहीं पैदा की कि वहाँ क्या रखा है और अम्मा ने हम लोगों से कभी नहीं कहा कि जब वे प्रार्थना कर रही हों तब हम उनके साथ रहें या हम लोग अपने आप वहाँ प्रार्थना करें। मुझे याद नहीं पड़ता कि हमारे अप्पा (अपनी माँ की तमिल का अनुसरण करते हुए मैं और मेरे भाई-बहन पिता को इसी पद से सम्बोधित करते थे) ने कभी उस चित्र के सामने प्रार्थना की हो।

मुझे यह भी नहीं याद है कि हम लोगों ने बालाजी के चित्र को लेकर घर में कभी कोई चर्चा की हो। बाद में मैं यही समझ पाया कि वह चित्र भगवान वेंकटेश्वर का था, जो कि विष्णु के ही रूप माने जाते हैं। मुझे तिरुपति की पहाड़ियों पर स्थित

उनके विशाल मन्दिर में जाकर उनकी असली मूर्ति के समक्ष सिर नवाने का विशिष्ट अवसर (एक नहीं तीन या चार बार) प्राप्त हुआ है।

मेरा भाई रामू, जिसका असली नाम रामचन्द्र था और जो नाम अति प्रेम, अति सम्मान और अति आराध्य भगवान राम या राम के नाम पर रखा गया था। करोड़ों लोग मानते हैं कि वे विष्णु या वेंकटेश्वर के अवतार थे और असंख्य लोग यह भी मानते हैं कि वे स्वयं पारब्रह्म परमेश्वर के ही रूप, संस्करण या पर्याय हैं और शिव, कृष्ण और दूसरे अनेक नाम उन्हीं के पर्यायवाची हैं।

रामायण और महाभारत जैसे महाकाव्य बचपन से ही हमारे जीवन के हिस्से हैं। हमारे लिविंग रूम की आलमारी में गीताप्रेस, गोरखपुर से प्रकाशित (स्वाभाविक रूप से हिन्दी में) तीन बड़े ग्रन्थ नीले कपड़ों की ज़िल्द में लिपटे रखे गये थे। वे थे रामायण, महाभारत और *भागवत पुराण*। उन सभी में चित्र वाले पन्ने भी थे, जो या तो श्वेत-श्याम थे या फिर रंगीन। महाभारत वाले ग्रन्थ में एक पूरे पेज का चित्र यह दर्शाते हुए था कि पानी के भीतर किस प्रकार भीम और दुर्योधन का द्वन्द्ध चल रहा है और वह चित्र मुझे बहुत आकर्षित करता था। मैं उसे बार-बार निहारता था। मेरे लिए यह जिज्ञासा से भरा हुआ था कि किस प्रकार दो भुजबल तालाब की तलहटी में युद्ध कर रहे हैं और पानी के पौधों को रौंद रहे हैं। लेकिन चित्रों के प्रति यह आकर्षण कथा के सम्बन्ध में मेरी उस जानकारी से पैदा हुआ था कि दोनों के बीच युद्ध तो बराबर पर छूटा था और उसके तुरन्त बाद दुर्योधन को छल से मारा गया था।

अगर मेरी याददाश्त सही है तो मुझे स्मरण हो रहा है कि उस वक़्त मैं सात साल या उससे भी छोटा रहा हूँगा और मैंने गीता प्रेस के महाभारत के हर पेज और हर लाइन को पढ़ा और मैंने उन तीरों की संख्या को भी गिन डाला था जो तमाम लड़ाइयों में चलाए गये थे या किसी को लगे थे। रामायण के पन्नों पर अंकित रंगीन चित्रों ने मेरे मानस पर राम, भरत और लक्ष्मण, दशरथ और कैकेयी, सीता और हनुमान और सूपर्णखा, रावण और मन्दोदरी की छवियों को छाप दिया था।

लगभग इसी वक़्त यानी 1942-43 में मैंने अपने समाज के हर बच्चे या वयस्क की तरह से फ़िल्म *भरत मिलाप* और *राम राज्य* देखी और पहले वाली को देखकर बहुत रोया। हमने दशहरे के मौक़े पर रामलीला मैदान में रामलीलाएँ भी देखीं। मैंने पूरे उत्साह के साथ अपने घर के क़रीब स्थित नयी दिल्ली के हनुमान मन्दिर से चमकीली पन्नियाँ लगे हुए तीर-धनुष भी ख़रीदे।

जब मैं दस साल का हुआ तब हमारे दादा जी यानी महात्मा गांधी अक्सर दिल्ली आते रहते थे। उनके साथ बैठ उठकर मैंने जाना कि गांधी के मन में राम नाम और

उसकी ध्वनि के लिए कितना प्रेम है। चूँकि मेरे भाई का पुकारने वाला नाम रामू था तो हम किसी-न-किसी रूप में दिन भर उस नाम का उच्चारण किया करते थे। मेरे दादा अक्सर कहा करते थे कि वे राम का नाम लेते हुए मरना चाहते हैं। अपने भाइयों और माता-पिता के साथ मैं अपने दादा की पाँच बजे शाम की प्रार्थना में अक्सर पहुँच जाया करता था। वह प्रार्थना सभा पहले वाल्मीकि बस्ती (जो कि आज के म न्दिर मार्ग पर स्थित है) में होती थी जहाँ पर वे कॉलोनी के दलितों के साथ रहते थे और बाद में वह बिड़ला भवन में होने लगी। वहाँ जाते-जाते मैं उस प्रार्थना में गाये जाने वाले गीतों और भजनों से परिचित हो गया। भले ही हमेशा उनका अर्थ समझ में नहीं आता था।

शायद यह 1946 के अन्तिम दिनों या 1947 के आरम्भिक दिनों की बात होगी, जब मुझे अपने स्कूल में पता चला कि संस्कृत के श्लोकों (गीता के दूसरे अध्याय) के गायन की अन्तरविद्यालयी प्रतियोगिता होने वाली है जो कि मैं अपने दादा की प्रार्थना सभाओं से सीख चुका था, तो मैंने कहा कि मैं प्रतियोगिता में हिस्सा लूँगा। मेरे विद्यालय ने मुझे पँचकुइयाँ रोड स्थित रामकृष्ण मिशन स्कूल भेजा, जो कि पहाड़गंज से बहुत दूर नहीं था और मैंने वहाँ पुरस्कार जीता।

पुरस्कार देने वाले जो अतिथि थे वे नेता जी के बड़े भाई शरत चन्द्र बोस थे। वे उस समय अन्तरिम सरकार में मन्त्री भी थे। शरत बाबू ने अपनी टिप्पणी में एक किताब का उल्लेख किया जिसका नाम था *आइडियाज़ हैव लेग्स*[1] (विचारों के भी पैर होते हैं)। यह उक्ति हमारे मस्तिष्क में घर कर गयी और वहाँ बनी रही।

जब मैं बारह वर्ष का था, तब मेरे दादा जी की जिस तरह से हत्या हुई उसे हर कोई जानता है और लगता है कि जब उन्होंने प्राण त्यागे तो उनके होंठों से राम ही निकला था। दादा के निधन के छह वर्ष बाद मेरे पिता देवदास ने 1954 में *हिन्दुस्तान टाइम्स* से तुलसीदास के *रामचरितमानस* का अंग्रेज़ी अनुवाद प्रकाशित किया। वह अनुवाद गढ़वाल में काम कर रहे एक ब्रिटिश मिशनरी ए.जी. एटकिंस ने किया था। उस पुस्तक के दो संस्करण निकले एक में अंग्रेज़ी अनुवाद के साथ ही तुलसी का मूल देवनागरी वाला हिस्सा भी था जबकि दूसरे में सिर्फ़ अंग्रेज़ी अनुवाद था। विदेशों में इसे आसानी से पहुँचाने के लिए चावल के बारीक प्रपत्र पर कई प्रतियाँ छापी गयीं।

ऐसी पुस्तक का प्रकाशन मेरे पिता के लिए भक्तिभाव वाला काम था जिन्होंने हर पेज का प्रूफ स्वयं पढ़ा। पिता जी की इच्छा के कारण ही श्रद्धेय हनुमान जी का चित्र हर पेज के हाशिये पर छापा गया (जिससे आरम्भिक हिचकिचाहट के बाद श्रद्धेय अटकिंस महोदय ने सहमति जतायी थी)। इसके अलावा *हिन्दुस्तान टाइम्स*

बिल्डिंग में ही एक स्थान पर नन्हे ख़ान, उनके भाई जमाल ख़ान और पुरानी दिल्ली की उनकी छोटी-सी मण्डली ने किताब की पक्की जिल्दसाज़ी की, जो कि 1950 के दशक में एकदम असम्भव क़िस्म की चाहत थी।

अप्पा जो कि वर्ष 1900 में डरबन में पैदा हुए थे, दक्षिण अफ़्रीका में बचपन गुज़ारते हुए उन्होंने अपने पिता से तुलसीदास के रामचरितमानस के दोहे और चौपाइयाँ याद कर लिये थे। अप्पा कभी-कभी हम लोगों के लिए अपनी जोशीली और सुहानी आवाज़ में रामचरितमानस के दोहे-चौपाइयों का गायन भी करते थे। उन पंक्तियों में उन्हें जो बहुत प्रिय थी वह थी 'कहाँ के पथिक'। इन पंक्तियों में रामवनगमन को देखकर गाँव की विस्मित स्त्रियाँ सीता से प्रश्न करती हैं कि गाँव के पथ पर तुम्हारे साथ चलने वाले दो सुन्दर पुरुषों में कौन तुम्हारा पति है और कौन देवर।

इसी दौरान 1950 के दशक के मध्य में मैंने राजाजी द्वारा अंग्रेज़ी में लोकप्रिय ढंग से रची गयी रामायण और महाभारत को भी पढ़ा था। मेरी माँ ने उनकी रामायण का *दशरथ नन्दन श्रीराम* नाम से हिन्दी अनुवाद किया था। इसे सस्ता साहित्य मण्डल ने प्रकाशित किया था जिसका दफ़्तर उन दिनों उसी बिल्डिंग में था जिसमें हम लोग रहते थे। इस प्रकार जब मैं बालिग हो रहा था, तब मेरे चारों ओर 'राम' एक स्थिर तत्त्व के रूप में मौजूद थे। यह तत्त्व एक सम्पुट की तरह से बार-बार प्रकट होता था जब मैं दिल्ली में जयराम जी का अभिवादन सुनता था। इसके अलावा अन्तर्मन को जगाने वाला वह उच्चारण भी मेरे भीतर गूँजता रहता था, जब लोग किसी की शव यात्रा के पीछे–*राम नाम सत्य है...राम नाम सत्य है*...बोलते हुए चलते थे।

कुल मिलाकर राम एक स्वाभाविक स्थिति थी और हमारे परिवार के अवचेतन, बातचीत और जीवन में वे समाहित थे। हम उनसे मिले नहीं थे और न ही उन्हें देखा था लेकिन हम जब भी उनके बारे में सुनते और सोचते थे तो एक ललक पैदा होती थी और लगता था कि उनके पास चमत्कार करने वाली शक्तियाँ हैं। हम जिन दूसरे लोगों से प्रेम करते थे लगता था कि वे भी राम को प्रेम करते हैं। कुछ लोग तो उनके चमत्कार और करुणा को लेकर हठी थे।

लेकिन हम लोगों से किसी ने न तो यह बात कही और न ही मेरे सुनने में आयी कि वे इस बात से दु:खी हैं या ग़ुस्से में हैं कि राम की जन्मभूमि पर एक मस्जिद खड़ी हुई है। 1980 के दशक के मध्य या अन्त तक यह बात एकदम नहीं थी। उस समय मैं अपने जीवन के छठे दशक में चल रहा था तभी बाबरी मस्जिद को हटाने और *वहीं* पर राममन्दिर बनाने का अभियान शुरू हुआ। यह भी जानना दिलचस्प है कि मेरे दादा यानी गांधी ने न तो कभी भी रामजन्मभूमि का नाम लिया, न ही

उस मस्जिद का जो वहाँ खड़ी थी। जबकि वे अपने पूरे जीवन में निरन्तर राम की आराधना करते रहे और इस बात को अक्सर याद करते थे कि उनकी दाई रम्भा ने उन्हें सिखाया था कि जब भी किसी भी तरह का डर लगे तब राम नाम का पाठ करो। मेरे अप्पा ने भी एक बार किसी से यह शिकायत नहीं की कि जिसे लोग राम का जन्मस्थान मानते हैं, वहाँ पर मस्जिद खड़ी हुई है। जबकि जब उन्होंने रामायण का अंग्रेज़ी अनुवाद प्रकाशित किया और उसके हर पेज पर हनुमान जी का चित्र छापा, तब वे अपने को भाग्यशाली समझ रहे थे। न ही राजाजी ने कभी इसका ज़िक्र किया जिनके रामायण के अनुवाद ने कई पीढ़ियों को प्रेरित किया।

इस बात का ज़िक्र सरदार वल्लभभाई पटेल ने भी नहीं किया जिनसे मैं 1949 में उनके निधन के एक साल पहले (उनके नयी दिल्ली वाले आवास पर मिला था, जो उनके समय में औरंगजेब रोड पर था और उनके निधन के छह दशक बाद भी औरंगज़ेब रोड पर स्थित कहा जा सकता है) मिला था। उस वक़्त मेरी उम्र 14 साल की थी। दशकों बाद 1980 में मुझे उनके जीवन का अध्ययन करने और उनकी जीवनी में उसे प्रस्तुत करने का मौक़ा मिला। इससे मुझे यह पता चला कि गांधी की तरह ही, हालाँकि उनकी तुलना में कम ही पटेल भी मदद के लिए राम को पुकारते थे।

ब्रिटिश साम्राज्य के विरुद्ध सत्याग्रह करते हुए एक बार उन्होंने 1928 में बारडोली की किसान महिलाओं से पूछा, 'क्या तुम्हें डर लगता है?' एक महिला ने कहा, 'नहीं, जब आप यहाँ हैं, तो डर किस बात का।' इस पर पटेल ने उस महिला को टोकते हुए कहा, 'मैं नहीं, राम हैं।' महिला उनकी बात से सहमत होती हुई बोली, 'राम जी की कृपा है।'[2]

इस बातचीत से ऐसा नहीं लगता कि पटेल या जिन किसान महिलाओं से वे बात कर रहे थे वे दूर अयोध्या में ऐसी किसी ज़गह के बारे में सोच रहे थे, जहाँ 1992 तक कोई मस्जिद खड़ी हुई थी। अगर तुलना की जाये तो 1928 में बारडोली के किसानों ने नायक के काल्पनिक जन्मस्थान या किसी किंवदन्ती के नायक से कहीं ज़्यादा कृपालु राम जी को बड़ी निकटता और वास्तविकता के साथ महसूस किया था।

राम के एक और प्रेमी हैं जिन्हें मैं अच्छी तरह से जानता हूँ (हालाँकि वे कृष्ण को ज़्यादा प्यार करने वाले थे) और जो 1950 और 1960 दशक में मुझे अपने चौपाटी स्थित अपार्टमेंट में रहने देने के लिए मेहरबान रहते थे, वे थे वक़ील, लेखक और देशभक्त कन्हैयालाल माणिकलाल मुंशी (1887-1871)। मुंशी जी के लोकप्रिय उपन्यासों में गुजरात के अतीत का भव्य और रोमांटिक वर्णन किया गया है। आज़ादी के बाद सौराष्ट्र के दक्षिण पश्चिमी तट पर सोमनाथ मन्दिर के पुनरुद्धार में उनकी

प्रमुख भूमिका थी। हर किसी को मालूम है कि किस प्रकार 11वीं सदी में गज़नी के महमूद ने उस मन्दिर को लूटा था। बाद की कई सदियों तक उस ध्वस्त मन्दिर की कोई परवाह नहीं की गयी।

आख़िर में 1947 के अन्तिम दिनों में मुंशी, पटेल और दूसरे लोगों ने एक अभियान चलाया जिसमें मन्दिर निर्माण के लिए निजी कोष जुटाया गया। अपने निधन के कुछ हफ़्ते पहले गांधी ने मन्दिर के पुनरुद्धार की योजना को अपना आशीर्वाद दिया लेकिन यह भी कहा और जिससे पटेल और मुंशी सहमत थे कि चूँकि स्वतन्त्र भारत की नयी सरकार, गांधी के शब्दों में, 'एक धर्मतन्त्रीय राज्य न होकर एक सेक्युलर राज्य है और वह किसी एक धर्म की नहीं है' इसलिए वह सोमनाथ के पुनर्निर्माण के लिए किसी प्रकार धन नहीं ख़र्च कर सकती।[3] जब पटेल भी गुज़र गये, तब सन् 1951 में मन्दिर का उद्घाटन किया गया।

बाद में 1952 से 1957 यानी पूरे पाँच साल तक मुंशी जी उत्तर प्रदेश के गवर्नर रहे और लखनऊ के राजभवन में निवास किया। मुझे नहीं मालूम कि वे वहाँ से कभी अयोध्या गये, जो कि लखनऊ से सिर्फ़ 135 किलोमीटर की दूरी पर है। पर मुझे इस बात की कोई जानकारी नहीं है कि इस दौरान उन्होंने वहाँ खड़ी बाबरी मस्जिद गिराये जाने का किसी तरह का कोई आह्वान किया हो या सुझाव दिया हो। पण्डित मदन मोहन मालवीय (1861-1946) मुंशी जी से 26 साल बड़े थे और वे सिर्फ़ बनारस हिन्दू विश्वविद्यालय के संस्थापक ही नहीं थे। कई मौक़ों पर वे भारतीय राष्ट्रीय काँग्रेस और हिन्दू महासभा के नेता भी थे। इसके अलावा रामायण में रुचि रखने वाले वे भारत के चन्द लोगों में थे। उन्होंने रामकथा के दर्जनों आयोजन किये। मुझे ऐसी कोई जानकारी नहीं है कि मालवीय जी ने बाबरी मस्जिद की जगह राम मन्दिर बनाने की माँग की। पूर्ववर्ती बातों से यही लगता है कि 1980 के दशक तक अयोध्या की मस्जिद की जगह मन्दिर बनाये जाने के पक्ष में कोई राष्ट्रीय भावना नहीं थी। निस्सन्देह हर कोई इस बात से परिचित था कि सरयू नदी के तट पर अयोध्या स्थित है। कई लोग यहाँ धार्मिक यात्रा पर भी जाते थे। हालाँकि अयोध्या से कई गुना ज़्यादा तीर्थयात्री बनारस जाते थे, लेकिन अयोध्या को लोग पवित्र और पूज्यनीय मानते थे। आख़िरकार वाल्मीकि, कम्बन और तुलसीदास (और दर्जनों कम प्रसिद्ध) जैसे कवियों ने सदियों से भारतीयों को यह स्मरण कराया था कि यहाँ राम का जन्म हुआ था।

शोध से हमें वह बात पता चलती है जो हमें पहले से नहीं मालूम थी कि 1857 के विद्रोह के दमन के बाद अयोध्या और उसके आसपास हिन्दू मुस्लिम विवाद उठा था।

उसका सम्बन्ध राम जन्मभूमि के दावों से था, ऐसा ब्रिटिश राज के डिस्ट्रिक्ट रिकॉर्ड बताते हैं। अयोध्या में तीखी झड़पें कई बार हुईं लेकिन वे स्थानीय ही बनी रहीं। उस पर राष्ट्रीय चर्चा 120 साल बाद तभी हो पायी जब पूरे भारत में मस्जिद की जगह मन्दिर बनाने का एक अभियान चलाया गया। दिसम्बर 1992 में मस्जिद गिराये जाने के बाद मन्दिर निर्माण का माहौल बनाने के लिए तीन दशक से ज़्यादा का समय लगा, लेकिन आख़िरकार माहौल बन गया।

जैसा कि हमने शरत बाबू से आधी सदी पहले सुना था कि विचारों के पाँव होते हैं, उसी तरह मस्जिद हटाकर मन्दिर बनाया जाना चाहिए का विचार काफी दूरी तय कर एक भावुक क़िस्म का समर्थन तैयार कर ले गया। हमें अपने को यह याद दिलाना चाहिए कि अन्ततः कामयाब होने वाला यह धार्मिक-राजनीतिक अभियान अपने में कोई अनोखा और बेनजीर नहीं था। कुछ लोगों को रोमांचक और ज़्यादातर लोगों को डरावना लगने वाले ऐसे जातीय राष्ट्रवादी या धार्मिक राजनीतिक अभियान अफ़ग़ानिस्तान, मिस्र, ईरान और तुर्की समेत अन्य देशों में भी चले हैं। भारत के धार्मिक अल्पसंख्यकों की क़ीमत पर मिली यह राजनीतिक सफलता आवश्यक रूप से राष्ट्र के लिए एक स्वस्थ वातावरण निर्मित नहीं करती।

जो हिन्दू एक दयालु, शान्त और न्यायोचित भारत चाहते हैं, वे एक जीवन्त राम को प्राचीन युग के एक नायक में बदल देने को अच्छा नहीं मानेंगे। जैसा कि शुरू में ज़िक्र किया गया है कि बारडोली की किसान-स्त्रियाँ जीवित राम जी की उपस्थिति महसूस करती हैं जिनका आह्वान आज भी उस समय किया जाता है जब एक किसान, चौकीदार, दूधिया, बढ़ई और दुकानदार या रिटायर सरकारी कर्मचारी अपने साथियों का जयराम जी की कह कर अभिवादन करता है।

तीनों लोकों के स्वामी को जिन्हें हर कोई दया और अभयदान के लिए पुकारता है, उन्हें अतीत की लम्बी स्मृतियों से निकालकर एक देशभक्त नायक में बदल देने वाले इस क़दम का भविष्य द्वारा आवश्यक रूप से अभिनन्दन करना ज़रूरी नहीं है। जिनके लिए राम ब्रह्म के रूप हैं और जो कहीं भी किसी को आशीष, क्षमा, बल और प्राणदान देते हैं उनके लिए इस प्रकार का न्यूनीकरण आहत करने वाला है। इस तरह के संकुचन के पीछे प्रतिशोध और जबरदस्ती यानी दमन की इच्छा है। ईश्वर से प्रार्थना है कि वह इस प्रकार के विचारों को पोषित करने वाले विनाशकारी आवेगों को दिल से निकाल दे और उनके स्थान पर सद्भाव की एक स्वस्थ इच्छा, और मित्रता की एक महान प्रवृत्ति का संचार करे।

• • •

राम को राजनीतिक और सैन्य संगठन के प्रमुख के रूप में परिवर्तित करने वालों में सिर्फ़ मस्जिद विरोधी समूह ही नहीं शामिल था। अल्लामा इक़बाल जब हिन्दू मुस्लिम एकता के मानस से गुज़र रहे थे और सारे जहाँ से अच्छा हिन्दुस्ताँ हमारा और दूसरी कविताएँ लिख रहे थे, तब उन्होंने भी राम को इमाम-ए-हिन्द या भारत के नेता कह कर उनकी प्रशंसा की थी। इक़बाल तो राम का मान बढ़ाना चाहते थे लेकिन अपने प्रेमियों और भक्तों के लिए राम मानवता के लिए सार्थवाह और संकटमोचक हैं। इस लिहाज़ से राम सिर्फ़ अयोध्या में नहीं रहते बल्कि अदिस अबाबा, अल्बामा, अलास्का, अल्बानिया, अंकारा और अन्य स्थलों पर विद्यमान हैं, इनमें वे स्थल भी शामिल हैं जो B से Z तक से शुरू होते हैं। इस लिहाज से वे इमाम-ए-कायनात हैं, सौर मण्डल के मालिक हैं और हम से बहुत दूर अनन्त स्वरूप हैं।

इसी तरह से करोड़ों लोगों के लिए शिव, कृष्ण, नारायण, दुर्गा, सरस्वती, लक्ष्मी, परमात्मा, भगवान, ईश्वर, परमेश्वर, ऊपर वाला ऐसे कुछ नाम हैं, जिनका प्रयोग हिन्दू अपने देवी-देवताओं के लिए करते हैं। बहुत सारे लोग वास्तव में एक विशिष्ट चित्र या प्रतिमा के समक्ष पूजा करते हैं लेकिन जैसा कि अकबर के मन्त्री अबुल फ़ज़ल ने 16वीं सदी में कहा था–

> *उनमें से ज़्यादातर लोग देवत्व की एकता में विश्वास करते हैं और हालाँकि वे सब लोग अपनी उपासना के दौरान तमाम छवियों का इस्तेमाल करते हैं लेकिन सही मायने में वे मूर्तिपूजक नहीं हैं। मैंने कई बार उस धर्म के विद्वान और प्रतिभाशाली लोगों से चर्चाएँ की हैं और उनके सिद्धान्त को समझा है। उनका मतलब यह है कि चित्रों का प्रयोग वे अपनी पूजा के दौरान इसलिए करते हैं, ताकि उनका ध्यान उस पर केन्द्रित हो और इधर उधर भटके नहीं।*[4]

हिन्दुओं की चित्र उपासना की जो व्याख्या अबुल फ़ज़ल ने की थी, वही व्याख्या दूसरे मुस्लिम और ईसाई आगन्तुकों ने उनके समय में ही और उसके बाद में की थी। जबकि ऐसे मुखर मुस्लिम और ईसाई लोग रहे हैं जिन्होंने उसे हिन्दू मूर्तिपूजा कह कर उसकी आलोचना की। मेरी बात का जो मुख्य बिन्दु है उसके लिहाज़ से मूर्तिपूजा के इर्द-गिर्द की जाने वाली बहस अप्रासंगिक है। मेरा मुख्य बिन्दु यह है कि भारत के करोड़ों हिन्दुओं के लिए राम और दूसरे अन्य नाम जो हमने गिनाये हैं, उन्हें जीवन और मृत्यु का शाश्वत और सार्वभौमिक नियन्ता

माना जाता है। ये वही हैं, जिन्हें दूसरे लोग गॉड, अल्लाह, ख़ुदा, जेहोवा, वाहेगुरु या कुछ और कहते हैं।

यहाँ मूर्तिपूजा नहीं बल्कि ऐतिहासिकता महत्त्वपूर्ण है। जो कोई भारत में रहता है या भारत का भ्रमण करता है उसे यह बात पता चल जाती है कि हिन्दू और दूसरे भारतीय बुद्ध, महावीर और गुरु नानक को राम, कृष्ण, शिव और अन्य जिन देवताओं के नाम हमने लिए उनसे भिन्न समझते हैं। पहली श्रेणी के लोगों की ऐतिहासिकता ज़ाहिर है और उन्हें मान कर चला जाता है। क्योंकि वे मानव हैं।

दूसरी ओर हालाँकि हम उनकी जयन्ती निश्चित करते हैं और उसको मनाते हैं, लेकिन राम, कृष्ण और शिव व उनके पुत्र गणेश और कार्तिकेय का दर्जा मनुष्य से ज़्यादा है। वे देवत्व वाले गुणों के चरित्र हैं। वे भगवान हैं या एक परमेश्वर के अलग-अलग रूप हैं। अगर इससे 'या' यहाँ से किसी प्रकार की अनिश्चितता निकलती है, तो हिन्दू मानस चाहे वह विद्वानों का हो या सामान्य जन का, उससे किसी प्रकार व्यग्र नहीं होता। इस बात पर न तो कोई हिन्दू दार्शनिक, न ही कोई सड़क का आदमी और न ही किसान या घरेलू महिला अपनी नींद ख़राब करेगी।

लेकिन एक चरित्र या कई चरित्रों को एक मानवीय और दूसरी दैवीय श्रेणियों में देखने का अन्तर निश्चित तौर पर है। राम और कृष्ण की जन्मतिथि को लेकर इधर-उधर अलग-अलग दावे किये जाते हैं लेकिन वे गले नहीं उतरते। अगर हम इस तरह की जागृति पैदा कर सकें कि राम, कृष्ण, शिव, गणेश, कार्तिकेय या उनके जैसे अन्य देव इस धरती पर उस तरह से नहीं रहे जिस तरह बुद्ध, महावीर, वाल्मीकि, अशोक, गुरु नानक, कबीर और तुलसीदास रहे तो इससे कोई परेशानी होने के बजाय एक प्रकार की स्पष्टता होगी और मदद ही मिलेगी। इससे हमें यह स्मरण होता है कि इस कठिन संसार में मानवीय प्रयास और मानवीय समझ के लिए किसी प्रकार की मदद की ज़रूरत होती है।

यहाँ यह भी स्पष्ट है कि भक्तों के व्यापक समूह को देवत्व को ऐतिहासिक बनाने में कोई रुचि नहीं है, वे तीर्थयात्राएँ करने, चढ़ावा चढ़ाने और आशीर्वाद प्राप्त करके सन्तुष्ट हैं। इस व्यापक बहुमत के लिए शिव, राम और कृष्ण उनकी बीमारी, ज़ख़्म, बाँझपन, विकलांगता, कर्ज़, निराशा, दुश्मनी या दूसरी तरह के बोझ को कम कर सकते हैं या दूर कर सकते हैं या उन्हें इसका सामना करने की शक्ति दे सकते हैं। वे भगवान (gods) हैं या ब्रह्म (God) हैं।

जिन स्थलों को उनके जन्म से जोड़ दिया जाता है, वहाँ लोग जाएंगे और पूजा करेंगे हैं, उनसे हृदय में हलचल होगी है और एक स्मरण होगा है लेकिन उससे पैदा

होने वाली भावना उस भावना से भिन्न नहीं होगी, जब हम ऐतिहासिक चरित्रों की जन्मस्थलियों पर जाते हैं। रामायण और महाभारत की विलक्षण शक्ति अन्य बातों के अलावा इस बात में देखी जाती है कि किस प्रकार करोड़ों लोग अपने बच्चों का नाम उनके पात्रों के नाम पर रखते हैं।

यह देखने लायक बात है कि किस प्रकार देशभर (और उसके बाहर के भी) के गाँव और क़स्बे अपना नाम रखते हैं और किस प्रकार स्थानीय लोग दूर-दराज़ के पहाड़ों, जगहों या सरोवरों को रामायण और महाभारत की लीला स्थली के रूप में चिह्नित करते हैं। क्या महज एक महाकाव्य से इस प्रकार का प्रभाव पैदा किया जा सकता था। क्या ये सब चीज़ें एक मानव मस्तिष्क द्वारा उस समय गढ़ी जा सकती थीं जब परिवहन और संचार के साधन आरम्भिक अवस्था में थे? क्या यह सम्भव नहीं है कि राम और कृष्ण वास्तविक ऐतिहासिक चरित्र थे? इस सवाल को आसानी से टाला नहीं जा सकता लेकिन दूसरे भी तमाम सवाल हैं जिन्हें न तो टाला जा सकता है और न ही उनका उत्तर दिया जा सकता है।

अगर वे वास्तव में ऐतिहासिक पात्र थे तो भारत में उनके समकालीन और बाद के विद्वानों ने उनकी उपस्थिति को क्यों नहीं रिकॉर्ड किया? क्यों नहीं दूसरे देशों ने उनकी चमत्कारिक लीलाओं का अवलोकन किया है? सही है कि थाईलैंड में राम की अपनी कथा है और चरित्र है लेकिन उनकी अपनी अयोध्या भी है। वहाँ उत्तर प्रदेश के अयोध्या को राम का जन्मस्थान नहीं माना जाता। लेकिन जब सिद्धार्थ की बात आती है तो सिंहलियों, बर्मियों, जापानियों, तिब्बतियों, चीनियों और यूरोप, अमेरिका के देशों के बौद्धों की तरह थाईलैंड के लोग भी मानते हैं नेपाल की लुम्बिनी उनका जन्मस्थान है और बिहार के गया में वह स्थान है, जहाँ उनको बोधिसत्व प्राप्त हुआ था। इसी तरह महावीर और गुरु नानक के जन्मस्थान के बारे में कोई विवाद नहीं है।

राजाजी (चक्रवर्ती राजगोपालाचारी) जैसे व्यक्ति ने महाभारत और रामायण की कथाओं को कहते हुए अपनी आस्था को छुपाया नहीं था। उनके लिए व्यास, वाल्मीकि और कम्बन विशेष प्रेरणा प्राप्त जीनियस थे जिन्होंने ऐसे महाकाव्य लिखे जो युगों-युगों तक लोगों को बाँधकर रख सकते हैं। राजा जी ने काफ़ी खुलकर यह कहा है कि महाकाव्य के जो पात्र हैं वे अविस्मरणीय साहित्यिक पात्र हैं, न कि इतिहास पुरुष। गांधी ने 4 फ़रवरी, 1947 को नोआखली के साधुरखिल में कहा , 'जिस राम की मैं पूजा करता हूँ वे अपने आपमें पारब्रह्म परमेश्वर हैं।' इस तरह वे ऐतिहासिक पात्र से अलग हैं, 'वे हमेशा थे, आज भी हैं और आगे भी रहेंगे।' यानी ईश्वर अजन्मा है और उसकी रचना नहीं की जा सकती।[5] बाद में 18 नवम्बर को

जब वे दिल्ली में थे तो उन्होंने अपनी बात दोहरायी : 'मेरे राम दो हाथ और दो पैर वाले मनुष्य नहीं हैं। लेकिन मैं अगर सही सलामत हूँ तो राम जी की कृपा से ही।'[6] इस बात की सम्भावना है कि भारत के करोड़ों हिन्दू राम के बारे में गांधी जैसी ही मान्यता रखते होंगे।

• • •

जैसा कि विद्वान बताते हैं कि या तो किसी अनजान समकालीन राजकुमार की कथा या फिर किसी और प्रेरणा या घटना के प्रभाव में वाल्मीकि ने रामायण जैसे महाकाव्य की रचना की जो कि बुद्ध के युग से एक सदी से ज़्यादा बाद का काल नहीं है। वाल्मीकि की रामायण में जो नायक राम हैं वे अपने को देवता नहीं मानते लेकिन काव्य के अन्त में देवताओं की ओर से घोषणा होती है कि राम देवताओं में सर्व-श्रेष्ठ हैं। वानरों के राजा से मित्रता की सन्धि कर राम उनकी सहायता से रावण के राक्षसों की सेना को परास्त करते हैं और सीता को उसकी क़ैद से आज़ाद कराते हैं। उसके बाद एक असहनीय घटना के तहत सीता की अग्निपरीक्षा होती है और सीता और राम अयोध्या की रानी और राजा की तरह राज करते हैं, जिससे अयोध्या की जनता को भारी सुख प्राप्त होता है।

वाल्मीकि उनके राज का वर्णन करते हुए कहते हैं–

84 : राम ने जब अयोध्या पर राज किया तब उनके राज में न कोई विधवा हुई और न ही किसी प्रकार सर्पदंश या बीमारियों का ख़तरा बना।

85 : उस समय संसार में चोरों का भय नहीं था। किसी को दुर्भाग्य नहीं सताता था। न ही बड़ों को अपने बच्चों का अन्तिम संस्कार करने जैसा बुरा समय देखना पड़ता था।

86 : हर कोई सन्तुष्ट था। हर कोई सत्यता के प्रति समर्पित था। लोग राम पर लगातार भरोसा करते थे और एक दूसरे को किसी प्रकार की हानि नहीं पहुँचाते थे।[7]

वाल्मीकि ने जब अपनी कविता प्रस्तुत की उसी समय से भारत के लोग उसे प्रेम करने लगे थे। वे उसका पाठ करने लगे भारत के अन्य स्थलों के कवियों ने महाकाव्य को संशोधित किया और उसे नया रूप दिया। इस तरह राम भारतीय कल्पना के केन्द्र में बस गये। पूरी भारत भूमि और उसके लोग राम को अपना मानने की होड़ करने लगे। हर राजकुमार अपने को उनका वंशज बताने लगा।

जब सोलहवीं सदी में तुलसीदास ने अपना रामचरितमानस रचा तो वह महान रचना राम की केन्द्रीयता को ही परिलक्षित कर रही थी। इस रचना का प्रभाव हर उस

इलाक़े में गया, जहाँ पर हिन्दी या उसकी बहनौती भाषाएँ बोली जाती थीं। वाल्मीकि के राम से भिन्न तुलसी के राम ईश्वर के अवतार हैं। वाल्मीकि के नायक की तरह ही तुलसी के राम की चिन्ता सच्चाई है। उनका हमारे लिए सन्देश यही है, 'एक दूसरे को हानि न पहुँचाओ।' तुलसीदास की प्रसिद्ध पंक्तियाँ— *रावण रथी विरथ रघुवीरा...* यही बताती हैं कि जीवन के रणक्षेत्र में विजय का रहस्य क्या है...

सुनो मित्र जिस रथ से विजय प्राप्त होती है वह कुछ और ही है। शौर्य और धैर्य उस रथ के चक्के हैं। सच्चाई और सद्व्यवहार उसके ध्वज हैं। बल, विवेक, दम और परोपकार उसके चार अश्व हैं जो कि क्षमा, कृपा और समता के रज्जुओं से संचालित हो रहे हैं...जो कोई ऐसे धर्म और सच्चाई के रथ पर सवार है, उसे संसार में कोई भी शत्रु जीत ही नहीं सकता।[8]

दिसम्बर 1992 में सब्बल और दुरमुट वाली फ़ौज ने जिस तरह बाबरी मस्जिद का विध्वंस किया वह एक ऐसे प्रयास की परिणति थी जो 43 साल पहले शुरू हो गया था। दिसम्बर 1949 में जब भोर के अँधेरे में चोरी से रामलला की मूर्ति मस्जिद के भीतर बिठा दी गयी। तभी यह प्रयास आरम्भ हो गया था।

अयोध्या में चोरी से मूर्ति रखे जाने के उस कार्य को परचों और अफ़वाहों के माध्यम से चमत्कार के रूप में प्रस्तुत किया गया। जब उस समय वहाँ के उपायुक्त के.के.के. नैयर, जो कि उत्तर प्रदेश हिन्दू महासभा के नेताओं के क़रीबी थे, से उसे हटाने को कहा गया तो उन्होंने मना कर दिया।[9] सन् 1967 में नैयर बहराइच से जनसंघ के टिकट पर चुनाव जीतकर लोकसभा पहुँचे। हालाँकि 1949 में उन्होंने उत्तर प्रदेश के मुख्य सचिव को लिखे पत्र में कहा कि...

मस्जिद में मूर्ति रखे जाने का काम एक अवैध काम था और उसने न सिर्फ़ स्थानीय अधिकारियों को बल्कि सरकार को भी झूठा बना दिया था।[10]

मूर्ति स्थापना की इस झूठी और जबरिया कार्रवाई का जिन लोगों ने विरोध किया उनमें अक्षय ब्रह्मचारी थे, जिन्होंने लम्बे समय तक उपवास किया। कृष्ण झा और धीरेंद्र के. झा जैसे शोधार्थियों ने मस्जिद विध्वंस का इतिहास लिखते हुए, सन् 2010 तक जीवित रहे अक्षय ब्रह्मचारी की बहादुरी का वर्णन किया है।

दिसम्बर 1992 में जब बाबरी मस्जिद ध्वस्त की गयी तब मस्जिद परिसर से सटे हुए एक छोटे से मन्दिर को भी गिराया गया था। उस मन्दिर में दीर्घकाल से श्रद्धालु जाते रहे थे। उस मन्दिर का नाम था सीता की रसोई। वह स्थल मेरे भाई रामू, जिनका ज़िक्र मैंने इस अध्याय के शुरू में किया है, के लिए ऐसा प्रतीक बन गया कि उसके माध्यम से उन्होंने स्थल के इतिहास की महत्त्वपूर्ण दार्शनिक व्याख्या की।[11]

नवम्बर 2019 में भारत के सुप्रीम कोर्ट ने घोषणा की कि 1992 में एक इस्लामी मस्जिद को ध्वंस किये जाने की कार्रवाई अवैध थी। अदालत ने यह भी कहा कि साठ साल पहले मस्जिद में धूर्तता से मूर्ति का रखा जाना भी अवैध था। इन निष्कर्षों के बावजूद अदालत ने वह स्थल हिन्दुओं को दे दिया, जहाँ पर मस्जिद खड़ी थी और राम मन्दिर बनाने के लिए जिस पर हिन्दू दावा कर रहे थे।

5 अगस्त 2020 को प्रधानमन्त्री नरेन्द्र मोदी ने मन्दिर निर्माण का शुभारम्भ करते हुए वहाँ 40 किलो की चाँदी की सिल्ली रखकर कहा कि 'यह घटना उसी तरह से महत्त्वपूर्ण है जिस तरह से भारत के इतिहास में 15 अगस्त, 1947 है। उन्होंने कहा कि 5 अगस्त उसी तरह से महत्त्वपूर्ण तारीख़ मानी जायेगी जिस तरह से 15 अगस्त मानी जाती है। विश्व हिन्दू परिषद के महासचिव और हिन्दुत्व के हिमायती सुरेन्द्र जैन के अनुसार राम मन्दिर आन्दोलन 'स्वतन्त्रता आन्दोलन से बड़ा था'।[12]

हालाँकि एक भव्य मन्दिर का शिलान्यास प्रत्यक्षत: एक शुभ तिथि पर किया गया, लेकिन वास्तव में हिन्दू राष्ट्रवाद जिस मन्दिर को हिन्दू गणराज्य का प्रतीक बनाने जा रहा है वह दरअसल अवैध क़िस्म की धोखाधड़ी और अवैध ध्वंस की भूमि पर खड़ा होने जा रहा है। निस्सन्देह अयोध्या का यह भव्य मन्दिर दिन में बार-बार धोया जायेगा लेकिन छल-कपट सदैव इस मन्दिर का हिस्सा बन रहेगा।

फिर भी राम तो रहेंगे। वे न तो धोखाधड़ी से हारने वाले हैं और न ही ऐतिहासिकता से परिभाषित होने वाले हैं और न ही एक मन्दिर में क़ैद होने वाले हैं। राम सदैव रहेंगे। *राम नाम सत्य* है।

विभाजन और अखण्ड भारत

साम्राज्यवाद विरोध उसी तरह मेरी आत्मा में है जिस तरह यह करोड़ों हिन्दुस्तानियों (और ग़ैर-हिन्दुस्तानियों) की आत्मा में है। फिर भी मैं एक इक़बाल करना चाहता हूँ। यह जानते हुए कि आक्सफोर्ड इंग्लैंड की साम्राज्यवादी योजना के केन्द्र में था, सन् 2018 में जब मुझे 'यह सदन भारत के विभाजन पर अफ़सोस ज़ाहिर करता है' विषय पर आक्सफोर्ड यूनियन की डिबेट में बोलने के लिए बुलाया गया तब मुझे प्रसन्नता हुई। निश्चित तौर पर मैं प्रस्ताव के पक्ष में बोला। जहाँ तक मुझे याद है कि उस बहस का एक वीडियो ऑनलाइन उपलब्ध है।

मैंने कहा कि विभाजन के जितने विनाशकारी परिणाम रहे हैं, उसके लिए उस पर अफ़सोस जताने का औचित्य है। मैंने पूछा कि क्या प्रस्ताव के विरोध में खड़े लोग यह बात कहेंगे कि विभाजन के लिए अफ़सोस जताना ही पर्याप्त नहीं है बल्कि उसकी निन्दा की जानी चाहिए। उन्होंने ऐसा नहीं किया। उनकी मुख्य दलील यह थी कि विभाजन अपरिहार्य था। जब सब लोग बोल चुके तो एक ज़ोरदार स्वर से प्रस्ताव का समर्थन किया गया।

जो कोई भी 1947 के बारे में जानता है वह उस साल की उथल-पुथल को भूल नहीं सकता। इस अध्याय में मैं उन तत्त्वों को उजागर करूँगा, मेरी समझ से जिनके कारण विभाजन हुआ। लेकिन मैं उससे पहले उस पाखण्ड पर भी कुछ कहना चाहता हूँ जो विभाजन पर आज हो रहे सिंहावलोकन में घुस गया है। इस तरह के स्मरणों में अगर सभी नहीं तो बहुत कुछ राजनीतिक हैं। चूँकि यह बात हर किसी को पता है कि विभाजन का दौर कितना ख़ौफ़नाक था इसलिए अपने विरोधी या उनके पूर्वजों को इसके लिए दोषी ठहरा देना आसान होता है। ऐसी कोशिश अक्सर होती रहती है। तब भी जबकि जिन पर दोष लगाया जाता है उनका विभाजन से सिर्फ़ इतना ही सम्बन्ध था कि उन्होंने इसे पलटने की कोशिश की थी।

इसके अलावा यह भी जानना ज़रूरी है कि अखण्ड भारत के नारे में या उस मानचित्र में जिसमें भारत माता का विच्छेद दिखाया जाता है, एक प्रकार की भावना है। इस तरह का मानचित्र कुछ महा देशभक्तों को उत्तेजित कर सकता है, दूसरे भारतीयों को डरा सकता है और एक प्रकार का अतीत मोह पैदा कर सकता है। हालाँकि जब भी आप अतीत मोह का विश्लेषण करेंगे तब आप तुरन्त पायेंगे कि जिस अखण्ड भारत को प्राप्त करने की बात की जाती है उसका निर्माण पहले मुग़लों ने किया और बाद में अंग्रेज़ों ने किया। यह वही मुग़लों का हिन्दुस्तान है या अंग्रेज़ों का बहुमूल्य इंड (IND) है, जिसे अखण्ड भारत ने अपनी कल्पना का आधार बनाया है।

भारत प्राचीन है और भारतीय सभ्यता प्राचीन है। कोई भी ईमानदार दिमाग़ इस पर विवाद नहीं कर सकता। चीनी लोग, मिस्रवासी, इराक़वासी और मैक्सिको के निवासी भी अपने आपसे यही बात कहते हैं लेकिन उससे भारतीय सन्तुष्टि रद्द नहीं होती। इसके बावजूद ऐसा लगता है कि 1526 में जब बाबर आया और लोदी शासकों को हराकर सत्ता पायी उसके सदियों पहले भारतीय मानस में एक साझी धरती की धारणा बन गयी थी। यह वही इकाई है जिसे भविष्य में इंडिया, भारत, हिन्द, हिन्दुस्तान या जो कुछ भी कहा गया। तीर्थयात्रियों ने इस धरती के दूर-दराज़ के पवित्र इलाक़ों की यात्राएँ कीं, जिनके बारे में उन यात्रियों को लगा कि वे किसी न किसी रूप में जाग्रत स्थल हैं और उनमें भौतिक, जलवायुगत या सांस्कृतिक दृष्टि से एक जैसे विलक्षण तत्त्व हैं।

वर्तमान युग (कामन एरा CE) शुरू होने से ज़्यादा पहले की बात नहीं है कि यूनानी लोग भी इस जगह पर आये। उसके बाद इस युग की पहली सहस्राब्दि में कुछ दिलेर क़िस्म के चीनी बौद्धों ने तमाम भौतिक बाधाओं को पार करते हुए बुद्ध की धरती को देखने के लिए इस क्षेत्र की यात्राएँ कीं। यूनानियों और चीनियों दोनों ने हमारे पुरखों के बारे में जानकारियाँ छोड़ीं जो अगर वे न आये होते तो शायद हमारे पास न होतीं। दोनों तरह के लोगों ने महसूस किया कि वे एक देश के कुछ हिस्सों का अवलोकन कर रहे हैं। हालाँकि उनमें से किसी ने इसे कोई स्थायी नाम नहीं दिया था।

एक देश या भूमि एक साम्राज्य या राज्य से भिन्न होता है। भारत के लम्बे इतिहास में व्यापक, साझी या प्रभावी सांस्कृतिक प्रवृत्तियों की वास्तविकता के मुकाबले देश में राजनीतिक एकता कभी-कभार रही है। अगर हम पिछले 2500 सालों का भारत का इतिहास देखें तो पायेंगे कि सिर्फ़ अशोक, मुग़ल और ब्रिटिश शासन काल के दौरान ही अखण्ड भारत से मिलती-जुलती कोई अवधारणा दिखाई पड़ती है।

ये तीन काल ऐसे रहे हैं जब सकल भारत का कोई एक शासक रहा है और वे भारत के लम्बे-चौड़े इतिहास में विशिष्ट खण्ड जोड़ते हैं। इनके अलावा ज़्यादातर अवधि में एकता का विस्तार एक सीमित और आमतौर पर भारत के छोटे-से हिस्से के पार नहीं होता था और उस क्षेत्र का अक्सर पड़ोस के क्षेत्र से विवाद रहता था।

कामन एरा (सीई) की चौथी, पाँचवीं और छठी सदी में विभिन्न गुप्त वंश ने उत्तर और पूर्वी भारत के विभिन्न इलाक़ों पर शासन किया। इस दौरान साहित्य, कला, मूर्तिकला, खगोलशास्त्र और गणित जैसी विधाओं को ख़ूब फलने-फूलने का मौक़ा मिला। फिर भी बाबर के आने के लगभग एक हज़ार वर्ष पहले हुए गुप्त वंश के इन महत्त्वपूर्ण शासकों ने अखण्ड भारत जैसा कुछ हासिल नहीं किया था।

अखण्ड भारत के समर्थक हमें–कभी यह नहीं बतायेंगे कि वे किस अविभाजित भारत को पुनर्जीवित करना चाहते हैं। यह अशोक का साम्राज्य तो हो नहीं सकता। क्योंकि अशोक तो अहिंसक हैं, बौद्ध हैं और सभी के लिए समावेशी हैं। वे इसे खुलेआम तो स्वीकार नहीं करेंगे लेकिन उनके भीतर यह ईमानदारी होनी चाहिए कि वे जो कुछ हासिल करना चाहते हैं वह या तो अकबर या औरंगज़ेब के समय का भारतीय साम्राज्य है या लन्दन से संचालित होने वाला वह साम्राज्य है जिसे किसी भी तरह क़ायम रखने की कोशिश विंसटन चर्चिल ने की थी। दुर्भाग्य से अशोक के बाद से कोई भी भारतीय राज्य अखण्ड भारत जैसा नहीं था।

यहाँ हम इस बात का उल्लेख कर सकते हैं कि अशोक और उनके गुरु बुद्ध लम्बे समय तक भारत के विशिष्ट लोगों के समूह से बहिष्कृत थे और उन्हें मुख्य-धारा का विचलन समझा जाता था। उन्हें महत्त्व तभी मिला जब वैश्विक स्तर पर उनकी महानता की पहचान की गयी और उसके प्रभाव में भारतीयों ने उन्हें अपना मानने की उत्सुकता दिखाई। भारत का महावीर और बुद्ध से रिश्ता जितना बड़ा यथार्थ है उतना ही बड़ा यथार्थ यह है कि भारत में बौद्ध और जैन धर्म को ठुकराया गया और जैनियों और बौद्धों को लगातार यातनाएँ दी गयीं।

भारत का इतिहास चाहे जो भी हो लेकिन क्या यह उल्लेखनीय नहीं है कि ज़्यादातर लोकप्रिय और जिन्हें सबसे ज़्यादा पहचाना जाता है, वे प्रतीक उस दौर के हैं जिनका पहले उल्लेख किया गया है। जैसा कि भारतीय राज्य का प्रतीक चिह्न अशोक का सिंह चतुर्मुख स्तम्भ और दिल्ली का लालकिला (शाहजहाँ द्वारा निर्मित) है। इसी प्रकार अंग्रेज़ों द्वारा निर्मित रायसीना पहाड़ियों की इमारतें जैसे कि नार्थ ब्लाक, साउथ ब्लाक और संसद भवन है। इतना ही नहीं मुम्बई का गेट वे ऑफ़ इंडिया भी अंग्रेज़ों द्वारा बनवाया गया है।

वैकल्पिक प्रतीक चिह्न निर्मित करने के प्रयास किये जायेंगे जैसे कि पटेल की मूर्ति (जो कि दुनिया की सबसे ऊँची मूर्ति है) या अयोध्या में बनने वाला राम मन्दिर या और जो भी ढाँचा अब बनेगा। लेकिन कोई भी प्रतीक वास्तविक तभी लगता है जब लोग समय के साथ उसे अनुमोदित करते हैं, न कि कैमरे के सामने आतिशबाजी के साथ उसका उद्घाटन कर देने से वह प्रतीक बन जाता है।

अगर अशोक के बाद सिर्फ़ मुग़लों और अंग्रेज़ों ने अखण्ड भारत का निर्माण किया तो इसका यह भी मतलब नहीं है कि यह उपमहाद्वीप कभी फिर एकजुट नहीं होगा। आने वाले दशकों में किसी राजनीतिक सुनामी या भूकम्प की सम्भावना से कौन इनकार कर सकता है? हालाँकि भारत माता के सबसे कट्टर उपासक भी यह उम्मीद नहीं करते कि जो भारत 14 अगस्त, 1947 को था वह आने वाले भविष्य में फिर से बहाल किया जा सकता है। बाद में मैं बताऊँगा कि हिन्दू राष्ट्रवादियों के मन में एक एकीकृत भारत की कल्पना सबसे आख़िर में आती है।

• • •

कोई भी वास्तव में एकीकरण नहीं चाहता। फिर भी पचहत्तर साल पहले जब भारत का विभाजन हुआ था तब बहुत सारे लोग रोये थे। लोगों में आघात के साथ दुःख और शर्म की भावना उत्पन्न हुई थी। जब 14 जून, 1947 को अखिल भारतीय कांग्रेस कमेटी ने माउंटबेटन की विभाजन योजना के बारे में कांग्रेस कार्यसमिति के स्वीकार को अनुमोदित किया, तो जैसा कि एक प्रतिनिधि ने लिखा है, *गहरी ख़ामोशी* थी।[1] इससे पहले कांग्रेस महासमिति ने अपने लम्बे इतिहास में ऐसा कोई प्रस्ताव नहीं पारित किया था, जिस पर किसी-न-किसी ने ताली न बजायी हो, सिर्फ़ शोक प्रस्ताव को छोड़कर।

विभाजन के प्रस्ताव को जब स्वीकार किया गया तो कुछ-न-कुछ मृत हो गया था। पचहत्तर सालों के बाद भी वह अफ़सोस क़ायम है। वह अफ़सोस अक्सर व्यक्त किया जाता है। उदाहरण के लिए 12 दिसम्बर 2021 को जब भारत सरकार ने 1971 में पाकिस्तान पर भारत की जीत और बांग्लादेश की मुक्ति का जश्न मनाया तब रक्षा मन्त्री राजनाथ सिंह ने कहा कि 1947 का विभाजन एक *ऐतिहासिक गलती* थी।[2] जब जून 1947 में अखिल भारतीय कांग्रेस समिति ने विभाजन के प्रस्ताव को खामोशी से अनुमोदित किया तो उस साल की बहुत सारी हत्याएँ भविष्य के गर्भ में ही थीं। उस दिन का शोक उस सपने के लिए था जो मर गया था। जिन लोगों ने माउंटबेटन की योजना के समर्थन में ख़ामोशी से अपना हाथ उठाया था उन्होंने बड़ी चाहत के

साथ भारत के उस मानचित्र को सँवारा था जिसके साथ वे बड़े हुए थे। उनमें से कई लोग द्विराष्ट्र के सिद्धान्त से पूरी शिद्दत से लड़े थे। उनके लिए विभाजन एक क़िस्म की हार थी और क्षति भी।

भारत के क्षेत्रफल का घटना एक प्रकार का आघात था लेकिन सबसे ज़्यादा बेचैन करने वाला यह अहसास था कि पाकिस्तान जैसे नये राष्ट्र में हिन्दुओं और सिक्खों को और पुराने भारत में मुसलमानों को एक प्रकार की शत्रुता का सामना करना पड़ेगा। इसके अलावा जिन दोस्तों के साथ वे देश की आज़ादी के लिए जेल गये थे, वे एक दिन के बाद अगले दिन विदेशी हो गये।

जवाहरलाल नेहरू ने दिमाग़ के एक कोने में यह मान रखा था कि विभाजन एक अस्थायी क़िस्म की घटना है। ऐसा सोचने वाले वे अकेले ही नहीं थे। समझा जाता था कि बम्बई और कराची, कलकत्ता और ढाका, लाहौर और अमृतसर के बीच का जो रिश्ता है, वह कुदरत ने दिया है और वह जीवन से कहीं ज़्यादा स्थायी है। उन्हें यक़ीन था कि प्रकृति, आदतें और वाणिज्य चीज़ों को फिर से सामान्य स्थिति में ला देगी। भारत की एकता की क्षणभंगुरता की लम्बी कहानी से परिचित होने के कारण (क्योंकि इतिहास की जानकारी के नाते वे अतीत की इस बात से भिज्ञ थे) जून 1947 के नेहरू को विभाजन से किसी प्रकार का सदमा नहीं लगा होगा क्योंकि वे मार्च 1947 में अपने को इस घटना के लिए तैयार कर चुके थे। उदाहरण के लिए नेहरू और दूसरे लोग इस बात से परिचित रहे होंगे कि 1857 के महान विद्रोह की कहानी, जो कि 1947 तक कोई प्राचीन कथा नहीं हो गयी थी, इसलिए विफल हुई क्योंकि बड़ोदरा, ग्वालियर, हैदराबाद, मैसूर और कश्मीर समेत किसी बड़ी रियासत के राजकुमारों ने विद्रोह के नेताओं को परोक्ष समर्थन देने से भी इनकार कर दिया था।

उन्हें मालूम था कि अंग्रेज़ों को अपनी महत्त्वपूर्ण रियासत में घुसने से रोक कर रखने वाले महाराजा रणजीत सिंह का, महान विद्रोह के 18 वर्ष पहले, जब निधन हुआ तब लाहौर में उनके उत्तराधिकार के लिए किस तरह हत्याओं का सिलसिला चल निकला। रणजीत सिंह के निधन के दस साल बाद ही यानी 1849 में अंग्रेज़ों ने लाहौर दरबार के असरदार सदस्यों की मदद से पंजाब राज्य को हड़प लिया। ज़्यादा दिन नहीं हुए थे कि अंग्रेज़ों का समकालीन मैसूर रियासत का टीपू सुल्तान अपने को साम्राज्य का शत्रु बता रहा था और वह नेपोलियन से थोड़ा ही कम ख़तरनाक था। लेकिन 1799 में यानी महाराजा रणजीत सिंह के निधन से ठीक चार दशक पहले मराठों, हैदराबाद के निजाम और त्रावणकोर के महाराजा, जो मैसूर रियासत

के अड़ोस-पड़ोस के शासक थे, अंग्रेज़ों का सक्रिय रूप से साथ देकर टीपू को पराजित करा दिया।

इस तरह के इतिहास को देखते हुए लगता है कि 1900 के दशक में, 1910 के दशक में और 1920 और 1930 के दशक में भारत में जो एकता क़ायम हुई वह एक प्रकार से चमत्कार ही थी। यह सही है कि विदेशी शासन को उखाड़ कर फेंकने की इच्छा सभी को एकजुट करने वाली थी और यह लगभग हर भारतीय में आ गयी थी। इसके अलावा अपनी आक्रामकता के बावजूद विदेशी शासन और उसके साथ आये हुए सहयोगियों–ट्रेनों, अख़बारों, विश्वविद्यालयों, अखिल भारतीय सिविल सेवाओं, सेनाओं और दूसरी चीज़ों ने विभिन्न धर्मों, क्षेत्रों, जातियों और भाषाओं के लोगों को एक दूसरे को जानने का जो अवसर दिया वह पहले कभी नहीं मिला था।

भारतीय स्वाधीनता संग्राम के दो बड़े लाभ रहे हैं। भारतीयों ने आज़ादी की लड़ाई लड़ते हुए 1900 से 1947 के बीच जो परिमाण और गुणवत्ता हासिल की, उसे पीछे से अभिवादन करने का मन करता है। इक्कीसवीं सदी के भारतीयों के इन पुरखों ने न सिर्फ़ राष्ट्रीय स्वतन्त्रता की लड़ाई लड़ी बल्कि उन्होंने व्यक्तिगत स्वतन्त्रता और साम्प्रदायिक सद्भाव की लड़ाई भी लड़ी। उन्होंने सिर्फ़ आज़ादी की लड़ाई नहीं लड़ी बल्कि इंसाफ की लड़ाई भी लड़ी, सिर्फ़ स्वराज की लड़ाई नहीं बल्कि सामाजिक न्याय की लड़ाई भी लड़ी। उन्होंने सिर्फ़ विदेशी शासन का विरोध ही नहीं किया बल्कि ग़लत करने वाले भारतीयों का भी विरोध किया। फिर भी बहुत कुछ हासिल नहीं हो पाया और बहुत मोर्चों पर प्रयास ही नहीं हो सका। लेकिन जो भी लक्ष्य किया गया और जो भी हासिल हो सका, वह साझा विश्व इतिहास का एक गौरवशाली हिस्सा है।

फिर भी 1947 में विभाजन क्यों हुआ? क्यों उसके साथ भयानक हिंसा हुई? आप सन्तुष्ट हों या न हों, इन सवालों के जवाब मेरे द्वारा लिखे गये पंजाब के इतिहास और गांधी, पटेल, बादशाह ख़ान और राजाजी की जीवनियों और 'अंडरस्टैंडिंग द मुस्लिम माइंड' जैसी किताबों में हैं। इस छोटे से अध्याय में मैं उन कुछ बिन्दुओं को छूने की कोशिश करूँगा, जिन्हें कम महत्त्व दिया जाता है। सन् 1939 तक भारतीय गाड़ी झटकों और विरामों के बावजूद अच्छी तरह से स्वतन्त्रता की ओर चल रही थी। साम्राज्य की जकड़बन्दी के विरुद्ध कई सफल और अप्रत्याशित आन्दोलन के बाद भारतीय नेतृत्व पूरे देश में चुनी हुई प्रान्तीय सरकारें चला रहा था। लग रहा था कि दिल्ली में भी सत्ता का हस्तान्तरण जल्दी होने वाला है।

लेकिन 1939 में वह गाड़ी हिटलर नाम के एक चट्टान से टकरा गयी। हालाँकि जर्मनी दूर स्थित एक यूरोपीय देश था और वहाँ उसने इस साल के सितम्बर महीने में पोलैंड पर हमला कर दिया था। हिटलर के साथ इंग्लैंड का जो युद्ध हुआ, उससे अंग्रेज़ों की भारत छोड़ने की इच्छा घट गयी। जबकि भारतीय ब्रिटिश साम्राज्य से बाहर निकलने के लिए और भी उत्सुक हो गये। एक ओर इंग्लैंड पोलैंड की आज़ादी की रक्षा के लिए युद्ध में उतर गया तो भारतीयों ने अपनी आज़ादी के लिए लड़ने वाले प्रमुख संगठन कांग्रेस के माध्यम से अपनी आज़ादी को जल्दी हासिल करने की तेज़ी दिखाई। जब इंग्लैंड ने भारत की माँग को ख़ारिज कर दिया तो कांग्रेस ने प्रान्तीय मन्त्रालयों को विरोध में इस्तीफ़ा देने को कह दिया।

लन्दन में युद्ध के कारण चर्चिल सत्ता में आ गए। उसी वक़्त कांग्रेस ने कहा कि अगर युद्ध के अन्त में भारत को आज़ादी दे दी जाये तो वह युद्ध में ब्रिटेन का समर्थन करने को तैयार है। इस माँग के जवाब में सम्राट की सरकार ने अगस्त 1940 में कहा कि भारत की शान्ति और कल्याण के हित में वह अपनी मौज़ूदा ज़िम्मेदारियों को ऐसी किसी सरकार को सौंपने को तैयार नहीं है जिसका प्राधिकार भारत के राष्ट्रीय जीवन के किसी बड़े और ताक़तवर तबके को स्वीकार नहीं है। इस बात की व्याख्या करते हुए सम्राट की सरकार ने साफ़ कहा कि मार्च 1940 में लाहौर प्रस्ताव के माध्यम से पाकिस्तान की माँग करने वाली मुस्लिम लीग और रियासतों के महाराजा वे प्रमुख शक्तिशाली तत्त्व हैं, जो दिल्ली में भारत की जनता की ओर से चुने गये प्रतिनिधियों को सत्ता हस्तान्तरित किये जाने का विरोध करते हैं।

भारत के विदेश मन्त्री लियोपोल्ड एमेरी ने ऐलान किया कि इन शक्तिशाली तत्त्वों में सबसे आगे नौ करोड़ की आबादी वाला वह विशाल मुस्लिम समुदाय है जो कि भारत के पश्चिमोत्तर और पूर्वोत्तर वाले हिस्से में बहुसंख्यक है। इस तरह एमेरी एक गणितीय बाधा की ओर संकेत कर रहे थे। एमेरी ने भारत के जिन दो बड़े मुस्लिम बहुसंख्यक क्षेत्रों का उल्लेख किया था, वहाँ के चुने हुए सदन में कांग्रेस के पास आवश्यक संख्या बल नहीं था। सिर्फ़ मुस्लिम प्रधानता वाले पश्चिमोत्तर सीमांचल प्रान्त (एनडब्ल्यूएफपी) में ख़ान अब्दुल गफ़्फ़ार ख़ान और उनके बड़े भाई डॉ. ख़ान साहिब को व्यापक समर्थन हासिल था। 1937 में हुए चुनावों में खान बन्धुओं ने कांग्रेस के टिकट पर चुनाव लड़ा और सूबे में उन्हें स्पष्ट बहुमत हासिल हुआ था।

लेकिन दो प्रमुख प्रान्त, जिनमें पूरब में बंगाल और पश्चिम में पंजाब में ऐसा मन्त्रिमण्डल था, जो कांग्रेस के विरुद्ध था। पंजाब में चुनाव जीतने वाले यूनियनिस्ट पार्टी से जुड़े थे। उसका गठन 1920 के दशक में मुस्लिम, सिख और हिन्दू किसानों

और ज़मींदारों ने मिलकर किया था। वहाँ लीग को महज दो सीटें मिली थीं। लेकिन मुस्लिम लीग को हिन्दू बहुसंख्या वाले इलाक़ों में उन सीटों पर बड़ी कामयाबी मिली थी जो मुसलमानों के लिए आरक्षित थीं। इस चुनाव में मोहम्मद अली जिन्ना अखिल भारतीय स्तर पर मुसलमानों के नेता बनकर उभरे थे। इस तरह उन्होंने सभी से आगे रहने वाली उस कांग्रेस पार्टी को चुनौती दी थी जिसे वे हिन्दू कांग्रेस कहते थे। सन् 1937 ख़त्म होने से पहले यूनियनिस्ट पार्टी ने मुस्लिम लीग के साथ एक 'राष्ट्रीय स्तर' का समझौता किया था।

जब बंगाल और पंजाब प्रान्त में कांग्रेस को बहुमत नहीं मिला तब वह चर्चिल एमेरी और वायसराय लिनलिथगो के उस एलान का विरोध करने की स्थिति में नहीं रह गयी कि वे सत्ता किसी भी अखिल भारतीय सरकार को नहीं सौंपेंगे जब तक कि पश्चिमोत्तर और पूर्वोत्तर भारत इसके लिए सहमत नहीं हों।

• • •

पंजाब और बंगाल के निराशाजनक गणित के पीछे वज़ह यह थी कि कांग्रेस पार्टी इन अहम राज्यों के मुसलमानों का पर्याप्त समर्थन हासिल नहीं कर पायी थी। इस विफलता को समझने में ही उस प्रश्न का उत्तर है कि विभाजन क्यों अपरिहार्य हो गया था।

पंजाब में कुछ और कारक ऐसे थे जिनकी उपेक्षा की गयी या जिन्हें भुला दिया गया, उन्हें स्मरण दिलाये जाने की ज़रूरत है। पंजाब के हिन्दू नेताओं ने, जो मोटी तौर पर कांग्रेस से जुड़े थे, मुस्लिम पंजाबियों की आरक्षण की मांग का विरोध किया था। मुस्लिम पंजाबी अपने सूबे में बहुसंख्यक थे लेकिन वे हिन्दू पंजाबियों के मुक़ाबले न सिर्फ़ बड़े पैमाने पर ग़रीब थे, बल्कि स्कूलों, कॉलेजों और सरकारी नौकरियों में उनका प्रतिनिधित्व भी कम था।

दूसरी बात यह है कि कांग्रेस के राष्ट्रीय स्तर और पंजाब के स्तर के प्रगतिशील नेताओं ने यूनियनिस्ट पार्टी के साथ समझौते का विरोध किया। कांग्रेस नेताओं का यह रुख निकटदर्शी साबित हुआ। हालाँकि वर्गीय दृष्टिकोण से यूनियनिस्ट पार्टी दक्षिणपन्थी पार्टी थी लेकिन वह साम्प्रदायिक पार्टी नहीं थी। इसके नेतृत्व में कुछ प्रमुख हिन्दू और सिख भी शामिल थे। ज़्यादा ख़ास बात यह थी कि यूनियनिस्ट नेताओं का ग्रामीण पंजाब के मुसलमानों में व्यापक समर्थन था। इनमें छोटे किसान, खेत मज़दूर और दस्तकार शामिल थे। बाद में 1946 में कांग्रेस और यूनियनिस्ट पार्टी के बीच समझौता हुआ और उसके फलस्वरूप खिज्र हयात का मन्त्रालय क़ायम

हुआ हालाँकि वह सरकार मार्च 1947 में गिर गयी। सवाल उठता है कि अगर यह समझौता 1939 या 1940 में हुआ होता तो क्या पंजाबी मुसलमानों ने पाकिस्तान की माँग को वह समर्थन दिया होता जो उन्होंने बाद में दिया? हालाँकि इस सवाल का जवाब देना असम्भव है लेकिन इस पर टिप्पणियाँ तो होनी ही चाहिए।

बंगाल में एकदम विपरीत स्थिति बनी और वहाँ पर कांग्रेस ने वामपन्थी मुसलमानों से गठबन्धन न कर मौक़ा गँवा दिया। हालाँकि मुस्लिम लीग की जड़ें पूर्वी बंगाल में थीं। उदाहरण के लिए भविष्य के पूर्वी पाकिस्तान और बांग्लादेश में। यह पार्टी 1906 में ढाका में बनी थी और तमाम बंगाली मुसलमान इसे नवाबों का संगठन मानते थे। चूँकि बंगाल में मुसलमानों की ग़रीबी हिन्दुओं के मुक़ाबले बहुत ज़्यादा थी इसलिए वहाँ इस बात की सम्भावना थी कि मुस्लिम लीग को हराने लायक हिन्दू मुस्लिम एकता क़ायम की जाये।

शरत चन्द्र बोस ने मुस्लिम और हिन्दू नेताओं के एक समूह के साथ 1947 की गर्मियों में एक गठजोड़ बनाने की कोशिश की थी लेकिन वह पहल भी काफ़ी देर से हुई। उस समय तक बंगाल पूरी तरह से हिन्दू और मुसलमानों के बीच ध्रुवीकृत हो चुका था। डॉ. श्यामा प्रसाद मुखर्जी की ओर से उस विशाल और घनी आबादी वाले प्रान्त को विभाजित कर हिन्दू बहुसंख्यक आबादी वाले पश्चिम बंगाल को गठित करने का जो अभियान चलाया गया, उसे काफ़ी समर्थन हासिल हो चुका था।

अफ़सोस की बात यह है कि संयुक्त भारत के हिमायती लोगों के लिहाज़ से अगस्त 1940 तक गणित साम्राज्य के पक्ष में हो चुका था। उसी समय चर्चिल और उनकी मण्डली ने कहा था कि बंगाल और पंजाब में बहुसंख्यक समुदाय दिल्ली की किसी सरकार को पूरे भारत की सत्ता हस्तान्तरित करने के विरुद्ध है।

• • •

सवाल यह है कि क्या 1947 में पंजाब और बंगाल इसलिए विभाजित किया गया क्योंकि भारत विभाजित हो रहा था या फिर बंगाल और पंजाब को विभाजित करने की ज़रूरत पड़ी इसलिए भारत विभाजित हो गया? हालाँकि इस सवाल का कोई सीधा-सा जवाब नहीं है लेकिन यह सवाल बकवास नहीं है।

भारत के विभाजन की यात्रा में कुछ तारीख़ों का स्मरण आवश्यक है। दिसम्बर 1930 में इक़बाल ने लखनऊ में मुस्लिम लीग की कॉन्फ्रेंस में कहा कि वे चाहते हैं कि पश्चिमोत्तर भारत में पंजाब, पश्चिमोत्तर सीमान्त प्रान्त (एनएफडब्ल्यूपी), सिन्ध और ब्लूचिस्तान को मिलाकर एक 'समेकित मुस्लिम राज्य' का गठन किया जाये।

सन् 1933 में कैंब्रिज में रहमत अली ने 'पाकिस्तान' शब्द दिया। फिर मार्च 1940 में लाहौर में मोहम्मद अली जिन्ना ने मुस्लिम लीग के सम्मेलन की अध्यक्षता करते हुए यह माँग की कि भारत के पश्चिमोत्तर और पूरब में स्थित मुस्लिम बहुल इलाक़ों को अलग कर दिया जाये।

यहाँ यह स्मरण करना बेहतर है कि किस तरह से नवम्बर से दिसम्बर 1924 के दौरान 'ट्रिब्यून' में लिखे कई लेखों में पंजाब के अग्रणी हिन्दू नेता लाला लाजपत राय ने प्रस्ताव दिया था कि पंजाब के हिन्दू बहुल और मुस्लिम बहुल इलाक़ों को अलग-अलग हिस्सों में बाँट दिया जाये और इसी तरह बंगाल का भी विभाजन किया जाये।

जब मार्च 1947 में पश्चिमी पंजाब में हिंसा हुई और कांग्रेस कार्यसमिति ने इस बात के संकेत दिये कि उसे पाकिस्तान का प्रस्ताव मंजूर है, तो उसने भी पंजाब को बाँटने का प्रस्ताव रखा, जो उस समय तक पंजाब के सिखों और हिन्दू नेताओं की स्पष्ट इच्छा बन चुकी थी। अगर धरती को बाँटने का प्रस्ताव दोनों ओर से आया तो द्विराष्ट्र का सिद्धान्त भी भारत के हिन्दुओं और मुसलमानों दोनों की तरफ़ से आया। अगर ज़्यादा पहले से नहीं तो 1937 से ही हिन्दू महासभा के अध्यक्ष विनायक दामोदर सावरकर ने सार्वजनिक रूप से ज़ोर देकर कहा कि हिन्दू और मुसलमान दो अलग राष्ट्र हैं।

• • •

सन् 1939 में प्रान्तीय मन्त्रालयों से इस्तीफ़ा दिलाकर कांग्रेस ने साम्राज्य से जो संक्षिप्त निकटता थी वह भी तोड़ दी। भारत छोड़ो आन्दोलन शुरू करके कांग्रेस ने अपने को साम्राज्य का युद्ध के समय का शत्रु बना लिया। कांग्रेस के इन दोनों कदमों ने साम्राज्य और मुस्लिम लीग को एक दूसरे के नज़दीक ला दिया। क्या कांग्रेस के ये दोनों क़दम विभाजन में योगदान नहीं देते?

इसका उत्तर 'हाँ' में है, यह अन्य बातों के अलावा इस बात की पुष्टि करता है कि हिटलर ने चाहे अनचाहे विभाजन में योगदान दिया। लेकिन इस 'हाँ' के साथ ही हमें यह बात भी याद रखनी चाहिए कि ये दोनों क़दम कांग्रेस पर राष्ट्रीय भावना के तहत थोपे गये थे क्योंकि द्वितीय विश्व युद्ध के बाद राष्ट्रीय भावना पूरी तरह से ब्रिटिश विरोधी थी। कांग्रेस के सामने यह विकल्प था कि या तो वह साम्राज्य की शत्रु बने या फिर भारतीय जनता की शत्रु बने। इस स्थिति को देखते हुए कांग्रेस ने तय किया कि उसे अपने मालिकों यानी भारत की जनता को आहत नहीं करना है।

अगर कांग्रेस के इन दोनों कदमों से मुस्लिम लीग मज़बूत हुई, तो इससे कांग्रेस भी मज़बूत हुई। इसका प्रमाण सन् 1945 की गर्मियों से मिलता है, जब भारत छोड़ो आन्दोलन के योद्धाओं को जेल से रिहा किया गया तो हर जगह उनका नायकों की तरह से स्वागत हुआ। दोबारा इसका प्रमाण उस समय मिला जब ब्रिटेन की युद्ध के बाद की लेबर सरकार ने 1945-46 में अखिल भारतीय स्तर पर चुनाव कराया और पूरे भारत पर कांग्रेस की ऐसी पकड़ दिखी जिसे कोई चुनौती देने वाला नहीं था। अपवाद सिर्फ़ पंजाब, बंगाल और सिन्ध जैसे प्रान्त थे जिनके बारे में एमेरी ने संकेत किया था।

एक और अहम सवाल मार्च 1942 में उठा। चर्चिल ने युद्ध काल की अपनी गठबन्धन सरकार के कैबिनेट सहयोगी और लेबर पार्टी के नेता स्टैफोर्ड क्रिप्स को भारतीय नेताओं के समक्ष एक प्रस्ताव रखने के लिए दिल्ली भेजा। जब जापान ने रंगून और सिंगापुर पर क़ब्ज़ा कर लिया था, तब यह प्रस्ताव उचित था। एशिया की स्थिति से परेशान अमेरिकी राष्ट्रपति फ्रैंकलिन डी रूजवेल्ट चर्चिल पर लगातार इस बात के लिए दबाव डाल रहे थे कि वे भारत की आज़ादी की ओर एक कदम बढ़ायें। इसी के परिणामस्वरूप चर्चिल के कैबिनेट के मन्त्री भारत आये।

भारत पहुँचते ही क्रिप्स ने ब्रिटेन के महामहिम सम्राट का प्रस्ताव सामने रखा। प्रस्ताव इस प्रकार थे–(अ) कांग्रेस और लीग तत्काल वायसराय के नेतृत्व में सरकार में शामिल हों और ब्रिटिश कमांडर इन चीफ़ अपने पद पर रहें (ब) युद्ध के बाद भारत आज़ादी का दावा कर सकता है लेकिन (स) युद्ध के बाद कोई एक सूबा या कोई एक राजकुमार भी अपनी आज़ादी का दावा कर सकता है।

क्रिप्स महोदय जो उपहार लाये थे, उसे देखने के लिए दिल्ली में गांधी, अबुल कलाम आज़ाद (तत्कालीन कांग्रेस अध्यक्ष), नेहरू, पटेल, राजेन्द्र प्रसाद, राजगोपालाचारी और कांग्रेस कार्यसमिति के दूसरे नेता उपस्थित थे, उनके अलावा जिन्ना उनकी मुस्लिम लीग कमेटी, सिख नेता और प्रमुख महाराजा भी मौजूद थे। गांधी ने आज़ाद, नेहरू, पटेल और अपने अन्य सहयोगियों से कहा कि उन्हें यह प्रस्ताव नामंजूर है और यह कह कर वे दिल्ली से सेवाग्राम चले गये। जिन्ना ने कहा कि इस प्रस्ताव का सबसे बढ़िया हिस्सा (भारत से) अलग होने वाला ही है पर उनका कहना था कि अलग होने के अधिकार का जो भी अर्थ हो लेकिन वह किसी सूबे के पास जाने के बजाय मुस्लिम राष्ट्र को जाना चाहिए।

कांग्रेस के दूसरे नेता दिल्ली में रुके रहे। क्योंकि प्रस्ताव का जो दूसरा (ब) वाला हिस्सा था वह आकर्षक था और पहले वाला यानी (अ) हिस्सा भी प्रयोग करने

के लायक था। लेकिन अन्त में जब क्रिप्स इन नेताओं को यह नहीं समझा पाये कि सम्भावित भारतीय मन्त्रियों और वायसराय व कमांडर इन चीफ़ के बीच क्या समीकरण होगा तो इन नेताओं ने औपचारिक तौर पर प्रस्ताव को ठुकरा दिया और दिल्ली से चले गये। लीग ने भी योजना को ख़ारिज कर दिया और क्रिप्स लन्दन लौट गये।

अब ज़मीन भारत छोड़ो आन्दोलन के लिए तैयार थी। लेकिन क्रिप्स के प्रस्ताव से वे कठिन सवाल निकल रहे थे जिसका सामना करने के लिए कांग्रेस मजबूर थी। सवाल यह था कि क्या कांग्रेस का इरादा महाराजाओं और ब्रिटिश भारत के अनिच्छुक इलाक़ों को भी नये भारत का हिस्सा बने रहने के लिए मजबूर करने का है? हालाँकि महाराजाओं ने व्यक्तिगत तौर पर और अलग-अलग भी अठारहवीं और उन्नीसवीं सदी में अंग्रेज़ों की श्रेष्ठता स्वीकार की थी लेकिन उन्होंने अपने इलाक़ों को कभी ब्रिटिश भारत का हिस्सा नहीं बनाया था। उनमें से हर कोई बाक़ी भारत से अलग ब्रिटिश साम्राज्य से अपना स्वतन्त्र रिश्ता चाहता था, जबकि मुस्लिम लीग की दलील थी कि मुस्लिम बहुल क्षेत्रों ने अपने मतों के माध्यम से यह प्रदर्शित कर दिया है कि उन्हें अलग तरह से बर्ताव किये जाने अधिकार है।

भारतीयों ने अंग्रेज़ों को हमेशा यह स्मरण कराया था कि उनकी उपस्थिति अनामन्त्रित है। उन्हें आने के लिए आमन्त्रित नहीं किया गया था और भारतीय नहीं चाहते कि वे यहाँ रहें। लोकतन्त्र का पहला सिद्धान्त है कि लोगों को अपना शासक चुनने की स्वतन्त्रता रहे न कि मजबूरी। यही स्वराज का आधार है और यही स्वतन्त्रता आन्दोलन की रीढ़ है। दिल्ली छोड़ने से पहले कांग्रेस कार्य समिति ने क्रिप्स मिशन का प्रस्ताव ठुकरा दिया। एक अन्य प्रस्ताव के माध्यम से इसने मजबूरी सम्बन्धी क्रिप्स के सवालों का जवाब भी दिया। प्रस्ताव में कहा गया कि कांग्रेस 'किसी क्षेत्रीय इकाई की जनता की घोषित और स्थापित इच्छाओं के विरुद्ध उन्हें भारतीय संघ में रहने के लिए मजबूर करने के बारे में सोच भी नहीं सकती।' समिति ने ख़ास बात यह भी जोड़ी जब हम 'इस सिद्धान्त को अपरिहार्य रूप से स्वीकार कर लेते हैं तो 'उस इलाक़े के किसी महत्त्वपूर्ण समूह को किसी तरह से मजबूर' करने की बात ही ख़त्म हो जाती है।[3]

इस प्रस्ताव के ज़रिये कांग्रेस पार्टी मार्च 1942 में ही यह जता रही थी कि स्वतन्त्रता के बाद अगर मुस्लिम बहुल इलाक़े और रियासतों के लोगों की इच्छा विभाजन की हो, तो उनके अलगाव की सम्भावना को स्वीकार किया जा सकता है। पहला वाक्य यह स्वीकार करता था कि भारत के संघ बनने के बाद ऐसी सम्भावना है कि ऐसी किसी इकाई की जनता (न कि ख़ास तरह के राजनीतिक दल या महाराजा)

अलगाव की माँग करे। दूसरा वाक्य इस बात की अनुमति देता था कि अलग होने वाली किसी इकाई का कोई हिस्सा संघ के भीतर रह सकता है।

कांग्रेस के प्रस्ताव का दूसरा वाक्य इस बात पर शुरुआत में ही ज़ोर देने वाला था कि अगर विभाजन की अप्रिय घटना घटित हो तो पूर्वी पंजाब और पश्चिमी बंगाल भारत में रह सकें। यह बात ध्यान देने लायक है कि इन दो वाक्यों को आज़ाद, पटेल और नेहरू समेत पूरी कार्यसमिति का समर्थन था।[4] इस वाक्य को गांधी का भी पूरा समर्थन था।[5]

• • •

अगर विभाजन 1947 में होना था तो क्या यह बातचीत से हुए समझौते से नहीं आ सकता था? क्या अगस्त और सितम्बर के ख़ून-ख़राबे और उथल-पुथल के बिना विभाजन असम्भव था? बाद का समय इन सवालों को पूछना बन्द नहीं करेगा।

इसका संक्षिप्त उत्तर इस प्रकार है। पहला कारण यह है कि विभिन्न दलों के नेता चाहे वे अखिल भारतीय स्तर के हों या पंजाब और बंगाल जैसे अहम प्रान्तों के हों, वे किसी प्रकार का युक्तिसंगत समझौता कर पाने में विफल थे। क्यों? क्योंकि वे जिन लोगों का प्रतिनिधित्व करते थे, वे किसी भी समझौते के विरोध में खड़े हो जाते थे। शायद इसका एक कारण यह भी है कि नेता स्वयं भी किसी प्रकार के लेन-देने के लाभ में रुचि नहीं रखते थे।

1857 के बाद बाँटने और राज करने की अंग्रेज़ों की नीति को सावधानीपूर्वक लागू किया गया और उसने एक ज़बरदस्त भूमिका निभाई। लेकिन अगर जनता विभाजित होने से मना कर दे तो क्या उस पर विभाजन ज़बरदस्ती थोपा जा सकता है? यह कोई बासी क़िस्म का चुटकला नहीं है कि रंगबाज सिरिल रैडक्लिफ ने जिस देश में पहली बार क़दम रखा था, वहाँ उन्होंने चन्द हफ़्तों में स्थायी सीमा रेखा खींच दी। इस कहानी से एक और महत्त्वपूर्ण सत्य दब जाता है और वह यह कि पंजाब और बंगाल के लिए बने दो सीमा आयोगों की अध्यक्षता करते समय रैडक्लिफ के साथ जो भारतीय जज थे, वे आपस में सहमत ही नहीं हो पाये। जो चार भारतीय जज रैडक्लिफ के साथ पंजाब वाले आयोग में थे, उनमें से दो मुस्लिम थे, बाक़ी दो में से एक हिन्दू था और एक सिख था। बंगाल वाले आयोग में दो मुस्लिम और दो हिन्दु जज थे। हर मामले में यह भारतीय जजों न कि राजनेताओं की नाकामी थी। वे किसी एक लाइन पर सहमत नहीं हो सके और मजबूरन रैडक्लिफ ने अपने मन की सीमा रेखा खींच दी।

भविष्य यह सवाल पूछता रहेगा कि अगर पंजाब और बंगाल दोनों सूबों में बड़ी आबादी एक हिस्से से दूसरे हिस्से में जाने के लिए मजबूर थी, तो सीमा पर पहले से ही सहमति क्यों नहीं बना ली गयी? क्या कांग्रेस और लीग नेताओं के लिए राष्ट्रीय और प्रान्तीय स्तर पर यह असम्भव था कि वे किसी समझौते पर पहुँच जाते?

वास्तव में इसके लिए कुछ उल्लेखनीय प्रयास तो किये गये थे। सितम्बर 1944 में गांधी जिन्ना से बम्बई में 14 बार समझौते की उम्मीद से मिले और हर बार वे मालाबार हिल स्थित लीग के इस नेता के घर गये। गांधी ने जिन्ना को एक सुन्दर और अच्छा-ख़ासा पाकिस्तान देने का प्रस्ताव रखा। चौदह बार की वार्ता के बावजूद जिन्ना ने इस पाकिस्तान को ठुकरा दिया। उस पाकिस्तान का इलाक़ा उतना ही बड़ा था, जितना बड़ा इलाक़ा उन्होंने तीन साल बाद स्वीकार किया।

जिन्ना ने गांधी के पाकिस्तान को ठुकराने के कारण बताये। एक तो यह पर्याप्त बड़ा नहीं है और पश्चिम बंगाल और पूर्वी पंजाब इस दायरे से बाहर हैं। दूसरा कारण यह था कि वह पाकिस्तान सम्प्रभु नहीं था क्योंकि गांधी के प्रस्ताव में अलग होने वाले हिस्सों में एक प्रकार के सहयोग के सम्बन्ध की व्यवस्था थी।[6]

तीसरा कारण यह था कि गांधी मुस्लिम बहुल इलाक़ों में रहने वाले सभी नागरिकों को पाकिस्तान के सवाल पर मतदान करने का अधिकार दे रहे थे जबकि जिन्ना चाहते थे कि यह अधिकार सिर्फ़ मुसलमानों को मिले। चौथी बात यह थी कि गांधी चाहते थे कि पहले स्वाधीनता दी जाये फिर विभाजन के लिए मतदान हो जबकि जिन्ना चाहते थे कि अंग्रेज़ पहले भारत को बाँट दें, फिर यहाँ से जायें। पाँचवाँ कारण यह था कि गांधी के प्रस्ताव को कांग्रेस का अनुमोदन नहीं था (वह हो भी नहीं सकता था क्यों कि पूरी कार्यसमिति जेल में थी और गांधी को उनसे सम्पर्क करने से मना किया गया था)। अन्त में आख़िरकार गांधी ने यह तो माना कि मुस्लिम बहुल इलाक़े के पास अलग होने का अधिकार है, लेकिन वे यह स्वीकार करने को तैयार नहीं थे कि हिन्दू और मुसलमान दो अलग-अलग राष्ट्र हैं।

गांधी ने 22 सितम्बर 1944 को जिन्ना को एक पत्र लिखकर कहा, 'हम लोग किसी तीसरे व्यक्ति या व्यक्तियों को बुला लेते हैं जो हम लोगों को दिशा दे सकें या हमारे बीच पंच का काम कर सके।'[7] जिन्ना इसके लिए तैयार नहीं हुए बल्कि उन्होंने गांधी के इस प्रस्ताव को भी ठुकरा दिया कि लीग की कार्यकारिणी में उन्हें अपनी योजना प्रस्तुत करने का अवसर दिया जाये।

अगर आज हम 2022 में खड़े होकर सिंहावलोकन करें तो पायेंगे कि 1944 में जिन्ना ने एक स्वर्णिम अवसर गँवा दिया। अगर जिन्ना ने गांधी का प्रस्ताव स्वीकार

किया होता तो पिछले 75 साल की कहानी ज़्यादा सुखद होती। हालाँकि हिन्दू महासभा, जिसका गठन 1915 में हुआ था, ने जिन्ना के साथ गांधी के समझौते के प्रयास का विरोध किया था लेकिन श्यामा प्रसाद मुखर्जी ने जिन्ना से (1944 में भी) मुस्लिम लीग और महासभा के बीच समझौता करने की बात चलायी थी और उस समझौते का ख़ाका भी लगभग गांधी के प्रस्ताव से मिलता-जुलता ही था और उन्हें भी जिन्ना ने वही नकारात्मक जवाब दिया था जो गांधी को दिया था।[8]

गांधी और जिन्ना की वार्ता के तीन साल बाद जब मार्च 1947 के अन्त में नेहरू, पटेल, आज़ाद और कृपलानी (कांग्रेस की ओर से) और जिन्ना (मुस्लिम लीग की ओर से) भारत के विभाजन की माउंटबेटन की योजना को स्वीकार करने की तैयारी कर रहे थे, तभी गांधी ने विभाजन को टालने के लिए माउंटबेटन और अपने सहयोगियों के समक्ष आख़िरी प्रस्ताव रखा और वह था कांग्रेस के समर्थन से जिन्ना को संयुक्त भारत का प्रधानमन्त्री बनाने का।

इस बारे में रिकॉर्ड स्पष्ट है और उसका अक्सर उल्लेख किया जाता है। माउंटबेटन आशंकित थे और आज़ाद सोचते थे कि यह योजना काम कर जायेगी, लेकिन वह प्रस्ताव जिन्ना के सामने रखा ही नहीं गया। नेहरू, पटेल और कांग्रेस के बाक़ी नेतृत्व ने उस विचार का विरोध किया और माउंटबेटन ने उसके विरुद्ध पूरी ताक़त के साथ गुटबाज़ी की।

जब गांधी ने देखा कि वे नाकाम हो गये तब उन्होंने नेहरू, पटेल और अपने सहयोगियों को जन्म लेने जा रहे एक विभाजित लेकिन विशाल देश में लोकतन्त्र, समता और सद्भाव क़ायम करने के लिए पूरा समर्थन दिया।

• • •

जहाँ तक 1947 की हत्याओं का सवाल है तो कुछ बातों के तो अकाट्य प्रमाण हैं। नीचे जो वर्णन करने जा रहा हूँ, वह पंजाब की घटनाओं के बारे में है और जिसकी बंगाल की घटनाओं से तुलना की गयी है। जिस पर मैंने गम्भीर अध्ययन किया है और पाया है कि पंजाब में 1947 की हत्याएँ बंगाल के मुक़ाबले ज़्यादा व्यापक स्तर की थीं। अगस्त 1947 के एक महीने पहले तीन पंजाबी समूह मुस्लिम, हिन्दू और सिखों के जत्थे दहशत और अफ़वाह फैलाते हुए घातक हथियार इकट्ठा कर रहे थे।

दूसरी बात यह थी कि हालाँकि पंजाब में मार्च 1947 के पहले हफ़्ते से ही गवर्नर का शासन लगा हुआ था और गवर्नर इवान जेंकिंस ज़्यादा तटस्थ और साहसी थे,

लेकिन भारत में रहने वाले ब्रिटिश लोगों का मानस चाहे वह पुलिस हो, सैनिक हो या नौकरशाह हो वह किसी भी तरह से घर लौटने में लगा हुआ था। भारत में शान्ति क़ायम करने का उनका कोई सरोकार नहीं था।

एक ब्रिटिश मेजर जनरल के नेतृत्व में, पंजाब बाउंड्री फोर्स (पीबीएफ) थी जिसमें कभी नौ हज़ार से ज़्यादा सैनिक और पुलिस वाले नहीं थे (उनमें भी कुछ को छोड़कर सभी भारतीय ही थे)। उसने अगस्त में पंजाब के मध्य क्षेत्र में लोगों के जीवन की रक्षा की कोशिश की। इस बल के संरक्षण में शरणार्थियों के कई जत्थे अपने ठिकानों पर गये। लेकिन निराशाजनक रूप से पीबीएफ बहुत छोटा बल था। ज़्यादातर वक़्त फोर्स के, जो मुस्लिम सिपाही थे, वे मुसलमान हमलावरों को रोकने या उन पर फायरिंग करने से मना कर देते थे और इसी तरह फोर्स के हिन्दू और सिख भी ग़ैर मुस्लिम हमलावरों से टकराव करने में अनिच्छा जताते थे।

तीसरी बात यह थी कि नरसंहार करने वाले ऐसे लोग थे जो उन गाड़ियों को भी नहीं छोड़ते थे जिनमें परिवार के परिवार बैठकर भाग रहे होते थे, उनमें दो श्रेणी के लोग थे। एक श्रेणी स्थानीय बदमाशों की थी जिन्हें नायकों की तरह से वीर बताया जाता था। दूसरी श्रेणी में साम्राज्य की सेना के वे सैनिक (हिन्दू, मुस्लिम और सिख) थे, जो फिलहाल सेना छोड़ चुके थे।

चौथी बात यह है कि कुछ बहादुर पुलिस अधिकारियों ने बेसहारा लोगों को बचाया जबकि दूसरे अफ़सरों की प्राथमिकता यह थी कि कैसे अपने परिवारों को नयी सीमा के पार सुरक्षित स्थान पर पहुँचाया जाये। आख़िर में पंजाब की 1947 की सबसे शानदार कहानी यह थी कि तमाम ज़िन्दगियाँ ख़ामोशी और बहादुरी से दूसरे समुदाय के साधारण लोगों ने बचायीं। लाखों लोग जो नयी सीमा के आरपार आ जा सके, वे इसलिए क्योंकि जोख़िम भरी यात्रा शुरू करने से पहले उनकी दूसरे लोगों ने मदद की।

• • •

हाल में जब जातीय सफ़ाये की बात या भारत से सभी मुस्लिमों के सफ़ाई अभियान की रट लगायी जा रही है,[9] तब यह बात पुष्ट होती है कि अतिवादी हिन्दू राष्ट्रवादियों की शिकायत यह नहीं है कि भारत का विभाजन हो गया। बल्कि उनकी शिकायत यह है कि विभाजन के बावज़ूद भारत में मुसलमान रह गये और आज भी रह रहे हैं। यही बात इन अतिवादियों के वैचारिक पूर्वजों को भी

चिढ़ाती थी। एक अतिरिक्त शिकायत यह थी कि इन मुसलमानों को संविधान में समान संरक्षण प्रदान किया गया। लेकिन हमें उस प्राथमिक आपत्ति को नहीं भूलना चाहिए जो कि पहले भी थी और आज भी है कि भारत में मुसलमान हैं।

इंडियन एक्सप्रेस के मुताबिक 25 फ़रवरी को बिहार के एक भाजपा विधायक हरिभूषण ठाकुर ने मीडिया से कहा, 'चूँकि 1947 में विभाजन के समय मुसलमानों को एक अलग देश दिया गया इसलिए उन्हें पाकिस्तान चले जाना चाहिए। अगर फिर भी वे भारत में रहना चाहते हैं तो उन्हें दूसरे दर्जे के नागरिक के तौर पर रहना चाहिए। हम सरकार से अपील करते हैं कि वह मुसलमानों के वोट देने के अधिकार को छीन ले।'[10]

दो माह पहले 12 दिसम्बर 2021 को विश्व हिन्दू परिषद के अध्यक्ष डॉ. रवींद्र नारायण सिंह ने नागपुर में विहिप की इमारत का शिलान्यास करते हुए मीडिया वालों से यह बात कही, 'जब भारत का विभाजन हो गया और हमने मुसलमानों को एक अलग ज़मीन दे दी। यह समझिए कि हम अपने देश से उस कैंसर को निकालना चाहते थे। लेकिन दुर्भाग्य से हम इस काम में सफल नहीं हुए।' 'चूँकि आज़ाद भारत में भी कैंसर बना रहा और चौथे चरण में पहुँच चुका है इसलिए कीमोथेरेपी की ज़रूरत है।' आरएन सिंह ने यह बात अपने बयान में जोड़ी।[11]

डॉ. सिंह ने अपने बयान में जब यह बात कही कि 'हमने मुसलमानों को अलग ज़मीन दे दी।' तब उन्होंने यह नहीं बताया कि यह 'हम' कौन हैं जिन्होंने पाकिस्तान दिया। जब विशाल मद्रास प्रान्त को काटकर 1953 में आन्ध्र प्रदेश बना तब क्या तमिल लोगों ने तेलुगू लोगों को ज़मीन दी? जब 1966 में हरियाणा बना और 1971 में हिमाचल प्रदेश बना तब क्या उदार लोगों ने यह धरती हरियाणा और हिमाचल के लोगों को दी?

डॉ. सिंह के बयान में कैंसर शब्द को मुसलमानों का पर्यायवाची बताने का अर्थ यह है कि भारत का विभाजन धर्म के आधार पर हुआ। नहीं, डॉ. सिंह यह धर्म के आधार पर विभाजित नहीं हुआ था। भारत इसलिए विभाजित हुआ क्योंकि पश्चिमोत्तर और पूर्वी क्षेत्र के मुस्लिम बहुल इलाक़े बाक़ी भारत से अलग होना चाहते थे। सन् 1947 में जिस विभाजन पर सहमति हुई थी, वह इलाक़े के लिहाज़ से हुई थी न कि समुदाय के आधार पर। इस बारे में सरदार पटेल ने एसोसिएटेड प्रेस ऑफ़ अमेरिका को 9 मई 1947 को जो कहा था और जो *ट्रांसफर ऑफ़ पावर* के दस्तावेज़ों के खण्ड 10 में पृष्ठ संख्या 716-17 तक रिकार्डेड है–

कांग्रेस का मत हमेशा से रहा है कि वह किसी समूह या क्षेत्र को मजबूर नहीं करेगी जो साथ नहीं रहना चाहता। इसी के साथ उसका यह भी मत है कि वह दबाव में नहीं आयेगी। इसलिए अगर मुस्लिम लीग इस बात पर ज़ोर देती है कि वह विभाजन चाहती है तो कांग्रेस बल प्रयोग करके उसे साथ रहने को मजबूर नहीं करेगी। लेकिन उसका असर बंगाल और पंजाब का विभाजन होगा।

क़ानूनी रूप से भारत और पाकिस्तान राष्ट्र का गठन ब्रिटिश संसद के इंडियन इंडिपेंडेंस एक्ट के तहत हुआ था। इस पर 18 जुलाई, 1947 को किंग जॉर्ज षष्ठम के दस्तख़त हैं। इस अधिनियम में 3 जून की विभाजन की उस योजना के आवश्यक तत्त्व हैं जिस पर इंडियन नेशनल कांग्रेस, मुस्लिम लीग, अकाली और वायसराय माउंटबेटन के दस्तख़त हैं। इस इंडिपेंडेंस एक्ट में कहीं यह नहीं कहा गया है कि दो राष्ट्र, जिनमें से एक हिन्दू है और दूसरा मुस्लिम बनाये जा रहे हैं।

न तो तीन जून की योजना में और न ही इंडिपेंडेंस एक्ट में कहीं पर हिन्दुओं और मुसलमानों का ज़िक्र है। जो हिस्सा अलग होकर पाकिस्तान में जा रहा था उसमें ज़बरदस्त रूप से मुस्लिम बहुसंख्य हैं और जो इलाक़ा भारत में रह गया उसमें व्यापक रूप से हिन्दू बहुसंख्य हैं। हाँ, यह बात सही है कि 1940 से 1947 के बीच वास्तव में मुस्लिम लीग ने पाकिस्तान को एक 'मुस्लिम होमलैंड' बनाने की बात की थी।

इन सबके बावजूद जिस स्वतन्त्र भारत का अभिवादन नेहरू ने अगस्त के मध्य में मध्यरात्रि को भाग्यवधू के साथ प्रतिज्ञा वाले मशहूर और सर्वसुलभ भाषण से किया था, उसमें हिन्दू भारत बनाने की बात नहीं थी। यहाँ तक कि जिन्ना ने अपने 11 अगस्त 1947 के भाषण (जो आसानी से उपलब्ध है) में जिस पाकिस्तान का जिक्र किया था, वह भी इस्लामी पाकिस्तान नहीं था। हालाँकि पाकिस्तान ने जल्दी ही अपनी धार्मिक यात्रा शुरू कर दी लेकिन 1949 में जिस भारतीय संविधान को अन्तिम रूप दिया गया उसमें सभी धर्मों से जुड़े भारतीयों या किसी भी धर्म से न जुड़े भारतीय के लिए भी समानता पर ज़ोर दिया गया था। इसके अलावा स्वतन्त्र भारत में जो पहला चुनाव 1952 में हुआ उसमें जिन राजनीतिक संगठनों ने हिन्दू राष्ट्र बनाने की माँग की थी, उनकी करारी हार हुई।

लेकिन क्या जिन्ना और लीग ने 1940 में और उसके पहले से ही धर्म का इस्तेमाल नहीं किया? क्या उन्होंने उस समय इस्लाम ख़तरे में है, का नारा नहीं

लगाया, जब वे पाकिस्तान का अभियान चला रहे थे? उन्होंने निश्चित तौर पर ऐसा किया लेकिन इसका यह कतई अर्थ नहीं है कि 1947 में एक हिन्दू भारत और एक मुस्लिम पाकिस्तान का निर्माण किया गया।

अगर ज़्यादा पहले से नहीं तो 1947 के बाद से भारत में हिन्दू राष्ट्र बनाना हिन्दू राष्ट्रवादियों का लक्ष्य रहा है जो यह महसूस करते हैं कि वे उस लक्ष्य तक पहुँचने के क़रीब हैं। यह ऐसा लक्ष्य है जिसे अब तक भारतीय जनता ने अनुमोदित नहीं किया है। लेकिन अखण्ड भारत यानी फिर से एकजुट होने वाला ऐसा भारत जिसमें पाकिस्तान और बांग्लादेश भी शामिल हों, किसी का लक्ष्य नहीं है। यहाँ तक कि सबसे अतिवादी हिन्दू राष्ट्रवादियों का भी।

भारत में मुसलमानों की संख्या से उत्तेजित हिन्दू राष्ट्रवादी सबसे आख़िरी बात यही चाहेंगे कि भारत, पाकिस्तान और बांग्लादेश की आबादियों का विलय हो। वे यह तो कह सकते हैं कि भारत के मुसलमान पाकिस्तान चले जायें लेकिन पाकिस्तान और बांग्लादेश के मुस्लिम भारत के हिस्से बन जायें, यह विचार उनके लिए एक दुःस्वप्न की तरह से है।

यानी उनकी तरफ़ से अखण्ड भारत के लिए एक ज़ोरदार इनकार है। वे अखण्ड भारत के लिए तब तक राजी नहीं होंगे जब तक एक सफ़ाई अभियान या कीमोथेरेपी के तहत वे अखण्ड भारत के मुसलमानों को हिन्दू न बना दें या उन्हें धूल में न मिला दें। निश्चित तौर पर उन्हें अखण्ड भारत का मानचित्र और उसकी धरती देखकर हलचल होती है। लेकिन उस धरती पर जो लोग रहते हैं और जो उसे जोतते-बोते हैं वे उन्हें तभी स्वीकार होंगे जब उनकी घर वापसी हो जाये और वे हिन्दू बन जायें।

सन् 1947 में जब भारत के नेताओं और जनता ने भारत का विभाजन स्वीकार किया तो निश्चित तौर पर उन्होंने द्विराष्ट्र के सिद्धान्त को स्वीकार नहीं किया। जैसा कि नेहरू ने अपने भाग्यवधू से प्रतिज्ञा वाले 14 अगस्त की आधी रात के भाषण में कहा–

> आप सब चाहे जिस धर्म के हों, हम सभी लोग भारत माता की सन्तान हैं और हम सब के अधिकार, विशिष्ट अधिकार और कर्तव्य बराबर हैं।

यही बात मार्च 1942 में पटेल ने कही थी–

> *सारा भारत मेरा गाँव है और सभी समुदाय के लोग मेरे मित्र और रिश्तेदार हैं...क्योंकि सभी एक ही ईश्वर की सन्तान हैं।*

और गांधी ने कांग्रेस महासमिति की बैठक को सम्बोधित करते हुए 15 नवम्बर 1947 को कहा था–

> *हमें यह मानना होगा कि भारत सिर्फ़ हिन्दुओं का नहीं है। न ही पाकिस्तान सिर्फ़ मुसलमानों का है, भारत उसी तरह मुसलमानों का देश है जिस तरह वह हिन्दुओं का देश है...*

संक्षेप में विभाजन का दर्दनाक आघात भी स्वतन्त्रता, समता और बन्धुत्व के स्वप्न को मार नहीं सका।

1947 के बाद का भारत : कुछ अफसाना अपना भी

भारत ने आज़ादी की अंगड़ाई ली और भयानक अनुमानों के बावजूद कि आगे क्या होगा, वह ज़ोरदार ढंग से फटाफट काम में जुट गया। आज़ादी के बाद सामने आयी हिंसा की ओर इशारा करते हुए, विंस्टन चर्चिल ने सितम्बर 1947 में भविष्यवाणी की थी कि अराजकता स्वतन्त्र भारत के भाग्य में लिखी है। वे यहीं नहीं रुके, उन्होंने आगे कहा, 'भविष्य' में भारत की बड़ी आबादी ख़त्म हो जायेगी। हालाँकि 1947 के बाद भारत की स्थिरता और जनसंख्या वृद्धि के कारण चर्चिल और निराशावादी ग़लत साबित हुए।

भारत के अल्पसंख्यकों और लोकतान्त्रिक संस्थानों पर हालिया हमलों से निराशावादियों की आत्मा तो ख़ुश हो सकती है, लेकिन भारत की आज़ादी के बाद की सफलताओं से कोई इनकार नहीं कर सकता। इस अध्याय में, मैं चौहत्तर साल के इतिहास की कुछ झलकियाँ प्रस्तुत करूँगा, जिनमें स्वयं के अनुभवों की कुछ यादें भी शामिल होंगी।

आज़ादी से साढ़े चार महीने पहले, 31 मार्च 1947 को या शायद अगले दिन, मैं, मेरे माता-पिता, और भाई-बहन नयी दिल्ली के मन्दिर मार्ग के एक छोर पर स्थित वाल्मीकि कॉलोनी की एक झोंपड़ी में अपने दादा जी से मिलने गये। वह अभी-अभी बिहार से लौटे थे, जहाँ उन्होंने साम्प्रदायिक हिंसा के पीड़ितों में साहस और अपराधियों में पश्चात्ताप पैदा करने की कोशिश की थी।

मैंने उन्हें आख़िरी बार, उसी झोंपड़ी में, अक्टूबर 1946 में देखा था। इस बार दादा जी में वो ख़ुशी नहीं दिखाई दी जिनका मैं आदी था। पहले जब भी मैं उनके सामने झुकता था तो ज़ोर से मेरी पीठ थपथपाते थे, और खुलकर हँसते थे। लेकिन इस बार वे ऐसे नहीं थे। उन्होंने बस चेहरे पर एक शिकायती भाव के साथ मेरा प्रणाम स्वीकार किया।

मैं बारह साल से छोटा था जब पहली और आख़िरी बार मैंने इस अप्रत्याशित चेहरे की झलक देखी। दशकों बाद, कई शोध कार्यो ने मुझे संकेत दिया कि उस समय क्या हुआ होगा? तीस वर्षों तक उनके क़रीबी सहयोगी रहे और वायसराय की अध्यक्षता वाली अन्तरिम सरकार के तीनों सदस्यों, नेहरू, पटेल और राजाजी (मेरे नाना), ने गांधी के अखण्ड भारत के प्रयास के तौर पर पेश 'जिन्ना कार्ड' को अस्वीकार करके उनका अपमान किया था।

हालाँकि, इस निराशा के कारण उनमें अलगाव नहीं हुआ। 12 अप्रैल को यानी व्यथित चेहरे को देखने के ग्यारह या बारह दिन बाद, जब एक अख़बार ने लिखा कि गांधी इन नेताओं के साथ मतभेदों के कारण दिल्ली छोड़कर बिहार जा रहे हैं, तब उन्होंने इस ख़बर की निन्दा की—

> *'हमारे बीच कोई झगड़ा नहीं है। हमारे रिश्ते भी कम मधुर नहीं हैं। थोड़ी देर पहले मौलाना साहब यहीं थे। राजाजी, सरदार, नेहरू और कृपलानी भी यहाँ थे। हम सभी सौहार्दपूर्ण ढंग से बात कर रहे थे। यह निश्चित रूप से कहा जा सकता है कि हमारे बीच मतभेद हैं। लेकिन क्या कोई ऐसा समय था जब हमारे बीच कोई मतभेद नहीं थे?'*[1]

कुछ महीने बाद, अगस्त के उस विशेष दिन जब आज़ादी मिली, गांधी जी ख़ुद कलकत्ता के हिन्दू बहुसंख्यक इलाक़ों में से एक बेलियाघाटा में एक जीर्ण-शीर्ण मुस्लिम स्वामित्व वाले घर, हैदरी मंज़िल में थे। वहीं दूसरी तरफ़ हमारे कनॉट सर्कस वाले अपार्टमेंट में मैंने आज़ादी की घोषणा करने वाली झंकार सुनने के लिए पिछली रात ख़ुद को रेडियो से चिपका लिया था।

उसी दिन बाद में, स्वतन्त्र भारत की उल्लेखनीय विविधता वाली पहली कैबिनेट के मन्त्रियों ने शपथ ली, मन्त्रिमण्डल के चौदह सदस्यों में से केवल एक महिला (राजकुमारी अमृत कौर) थी, दो दलित (डॉ. बी.आर आम्बेडकर और बाबू जगजीवन राम), दो मुस्लिम (अबुल कलाम आज़ाद और रफ़ी अहमद किदवई), दो ईसाई (जॉन मथाई और अमृत कौर), कांग्रेस के दो पूर्व (और भविष्य) के दुश्मन (आम्बेडकर और हिन्दू महासभा के श्यामा प्रसाद मुखर्जी), एक सिख (बलदेव सिंह), एक पारसी (सी.एच. भाभा), और एक पूर्व ब्रिटिश वफ़ादार आर.के. शनमुखम चेट्टी भी थे। चौदह में से सात कांग्रेस के बाहर से थे। बाक़ी चार लोगों में नेहरू, पटेल, राजेन्द्र प्रसाद और महाराष्ट्र के एन.वी. गाडगिल थे।

नौ सितम्बर को गांधी दिल्ली वापस आ गये। उन्होंने पंजाब जाने के बारे में सोचा, लेकिन राजधानी में हो रही हिंसा ने उन्हें रोक लिया। इस बार, सरदार पटेल

के आग्रह पर, वे वाल्मीकि कॉलोनी में नहीं बल्कि बिड़ला हाउस में रुके, जो उस समय अल्बुकर्क रोड पर था, और अब (कम-से-कम लेखन के समय) तीस जनवरी मार्ग पर है।

अन्यत्र मैंने गांधी जी के बिड़ला हाउस प्रार्थना सभा में शामिल होने का स्मरण किया है। यह वैसे ही था, जैसे मैं वाल्मीकि कॉलोनी में ऐसी सभाओं में कई बार शामिल हुआ था। उन बहु-विश्वासी प्रार्थनाओं के हिस्से के रूप में, कुरान की एक आयत के मानक पाठ पर आपत्तियों को देखते हुए मैंने ख़ुद से पूछा कि अगर विरोधियों ने गांधी पर हमला किया तो क्या मैं अपने निहत्थे दादा की रक्षा कर पाऊँगा। स्कूल में एक खेल आयोजन में व्यस्त होने के कारण मैं 30 जनवरी की प्रार्थना सभा से अनुपस्थित था।

यहाँ मैं केवल यह उल्लेख करना चाहूँगा कि जब उस शाम मेरा भाई रामू और मैं, मेरे पिता के सचिव काली प्रसाद जी द्वारा कार से बिड़ला हाउस ले जाये गये तो उन्होंने हमें बस इतना बताया कि हमारे दादा जी को 'गोली' मार दी गयी है। किसी तरह भारी भीड़ के बीच से प्रवेश करने के बाद हमने गांधी जी को फर्श पर एक सफेद चादर पर लेटे देखा। उनके आसपास हमारे पिता, नेहरू, पटेल और अन्य लोग थे। फूलों की ख़ुशबू और धीमी भजनों की आवाज़ से भरे कमरे में हमें एहसास हुआ कि वे मर चुके हैं। ऐसे समय में एक क्षण के लिए भी मेरे दिमाग़ में यह बात नहीं आयी, 'वह आदमी कौन था जिसने यह किया?'

मुझे न तो ग़ुस्सा आया, न ही बदला लेने की थोड़ी-सी भी इच्छा और न ही हत्यारे के बारे में कोई जिज्ञासा हुई। ज़ाहिर तौर पर मेरे दादा जी का रवैया, प्रार्थना-सभाओं में उनके शब्द और वहाँ पेश किये गये गीतों और छन्दों ने मेरे किशोरावस्था से पहले वाले दिमाग़ पर अपना प्रभाव छोड़ा था।

बाद में जब मैंने उस समय के इतिहास को गहराई से देखा, तो मैंने पाया कि गांधी की हत्या के सदमे और दु:ख ने पूरे देश में वास्तविकता के दर्शन करा दिये थे : भारतीयों को आपसी दुश्मनी दूर करनी थी और भाइयों और बहनों की तरह रहना था। हिन्दुस्तानी लोग गांधी के साथ किस तरह जुड़ गये थे, यह देखते हुए टैगोर ने 1921 में लिखा था, 'जैसे ही सच्चा प्यार भारत के दरवाज़े पर खड़ा हुआ, वह द्वार खुल गया।' इस हत्या ने उस पागलपन को बेनकाब कर दिया, जिसमें नफ़रत की परिणति होती है, और वह हत्या भारत के इतिहास में एक निर्णायक मोड़ बन गयी। दुर्भावना एकदम से बदनाम हो गयी।

हत्या के तुरन्त बाद प्रारूपण समिति के अध्यक्ष डॉ. आम्बेडकर ने संविधान सभा के अध्यक्ष डॉ. राजेन्द्र प्रसाद को निर्माणाधीन संविधान के बारे में यह लिखा–

(प्रारूपण) समिति ने प्रस्तावना में बन्धुत्व के बारे में एक खण्ड जोड़ा है, हालाँकि यह संविधान के उद्देश्य सम्बन्धी प्रस्ताव में नहीं है। समिति ने महसूस किया कि भारत में भाईचारे की सद्भावना की आवश्यकता अब से अधिक पहले कभी नहीं थी और नये संविधान के इस विशेष उद्देश्य को प्रस्तावना में उल्लेख करके उस पर ज़ोर दिया जाना चाहिए।[2]

भारत की संवैधानिक यात्रा में बहुत पहले स्थापित भारतीय राष्ट्रीय कांग्रेस का 1931 का 'मौलिक अधिकार' प्रस्ताव एक मील का पत्थर था। कराची में पटेल की अध्यक्षता में बैठक करते हुए कांग्रेस ने संकल्प लिया कि 'किसी भी (भविष्य के) संविधान में लोगों के मौलिक अधिकार शामिल होने चाहिए जैसे कि संघ और संयोजन की स्वतन्त्रता, भाषण और प्रेस की स्वतन्त्रता, अन्तरात्मा की स्वतन्त्रता और स्वतन्त्र पेशे और धर्म के आचरण की स्वतन्त्रता।' प्रस्ताव में कहा गया है कि ऐसे संविधान के तहत राज्य 'धार्मिक तटस्थता' का पालन करेगा, और नागरिकों को 'सार्वजनिक सड़कों, सार्वजनिक कुओं और सार्वजनिक आश्रय के अन्य सभी स्थानों तक पहुँच और उपयोग का समान अधिकार' होगा।

पाँच साल बाद एक और मील के पत्थर के तौर आम्बेडकर का 1936 का शक्तिशाली आलेख 'जाति भेद का समूलनाश' आया, जहाँ उन्होंने लिखा, 'यदि आप मुझसे पूछें, तो मेरा आदर्श स्वतन्त्रता, समानता और भाईचारे पर आधारित समाज होगा। और ऐसा क्यों ना हो?'

1947 और 1948 में स्पष्ट विचारों की इस गति को तब बल मिला, जब राष्ट्र ने दुर्भावना की विनाशकारी शक्ति देखी। स्वतन्त्रता, समानता और बन्धुत्व को भारतीय राष्ट्र की चट्टान पर तब उकेरा गया जब डॉ. आम्बेडकर के संचालन में संविधान सभा ने हमारे संविधान को अन्तिम रूप दिया।

मैंने इसे पहले भी कहा है, और दूसरों ने भी कहा है, लेकिन इसे फिर से कहने की आवश्यकता है। 'अछूत' के रूप में पैदा हुए किसी व्यक्ति को उस समाज के लिए नियम पुस्तिका तैयार करने के लिए आमन्त्रित किया गया था जिसने सदियों तक उत्पीड़न को सहा था, और वह ऐसा करने के लिए सहमत हो गया। तथाकथित उच्च जातियों के सैकड़ों नहीं तो दर्जनों विधायक समानता की इस परियोजना में उनके साथ शामिल हुए, जो अपने में पश्चात्ताप की भी एक परियोजना थी।

विभाजन के साथ पैदा हुए दर्द और शर्मिंदगी के तुरन्त बाद बना संविधान इतिहास का एक गौरवपूर्ण कदम था। हालाँकि तब से इसमें दर्जनों बार संशोधन

किया गया है, और यह कहने में कोई गुरेज़ नहीं होगा कि प्रत्येक संशोधन बुद्धिमानी भरा नहीं था। फिर भी यह संविधान ख़तरनाक समय में भी लोकतन्त्र के लिए एक ढाल बना हुआ है। हालाँकि यह एक ऐसी ढाल है जो केवल तभी रक्षा करती है, जब न्यायाधीश और मीडिया अपनी भुजाओं की शक्ति के साथ इसे विधायकों, मन्त्रियों और पुलिसकर्मियों सहित सभी का सामना करने के लिए उठाते हैं।

• • •

जब मैं बड़ा हो रहा था तब केवल *हिन्दुस्तान टाइम्स* ही नहीं बल्कि पूरा प्रिंट मीडिया मेरे चारों तरफ़ था। दिन के अलग-अलग समय पर, पूरे भारत से और 1947 के बाद पाकिस्तान से भी समाचार-पत्र हमारे अपार्टमेंट में या उप सम्पादकों के हॉल में आते थे। बम्बई से *टाइम्स ऑफ़ इंडिया, नेशनल स्टैंडर्ड* और *बॉम्बे क्रॉनिकल,* मद्रास से द *हिन्दू* और द *मेल;* कोलकाता से द *स्टेट्समैन, हिन्दुस्थान स्टैंडर्ड* और *अमृत बाज़ार पत्रिका;* लाहौर से *सिविल मिलिट्री गज़ट* (किपलिंग का पुराना अख़बार) और *पाकिस्तान टाइम्स;* दिल्ली से *स्टेट्समैन* और अल्पकालिक *इंडियन न्यूज़ क्रॉनिकल* और न जानें कितने अख़बार आते थे।

हमारे अपार्टमेंट के ठीक नीचे, टेलीप्रिंटर खड़खड़ाते रहते थे और उप-सम्पादक अरुचिकर और सन्देहास्पद ख़बरों को फाड़कर रद्दी की टोकरी में फेंकते रहते थे। हमारे अपार्टमेंट के डाइनिंग स्पेस के नीचे झाँकने पर एक बड़ा-सा आँगन दिखता था, जो न केवल अख़बारी काग़ज़ के बड़े-बड़े रोल से भरा था, बल्कि मानो या न मानो कुछ समय के लिए वहाँ बजरी वाला एक टेनिस कोर्ट भी था!

इस टेनिस कोर्ट पर मैंने कभी-कभी अपने पिता, जिनकी धोती एक बेल्ट द्वारा मज़बूती से बँधी हुई थी, के साथ संयुक्त सम्पादक (और सांसद) के संथानम, जो ख़ुद भी एक धोती पहनते थे, युवा ई नारायणन, जो पेट्रियाट और लिंक के भावी सम्पादक थे और सर्विस करते समय अपने शरीर को एक नर्तक की तरह मोड़ते थे, को खेलते हुए को देखा था।

जब भारत छोड़ो आन्दोलन के कारण कुछ अख़बारों को कुछ समय के लिए बन्द करना पड़ा, जिनमें लखनऊ का *नेशनल हेराल्ड* भी शामिल था, तो *हिन्दुस्तान टाइम्स* ख़ुद को बचाने में कामयाब रहा। हालाँकि अप्पा को भारत छोड़ो आन्दोलन से पहले कुछ महीनों के लिए जेल में डाल दिया गया था क्योंकि उन्होंने एक ऐसी ख़बर का स्रोत बताने से इनकार कर दिया था जो सरकार को पसन्द नहीं थी।

1940 के दशक में एचटी के सितारों में शानदार कार्टूनिस्ट के शंकर पिल्लई, एम. चलपति राऊ (जो *नेशनल हेराल्ड* के बन्द होने पर जुड़े थे), एम. सुब्रमण्यम और जीवी कृपानिधि शामिल थे, और वे सभी दक्षिण भारतीय थे। बाद में दुर्गा दास, एस. मुलगाँवकर, शाम लाल, के ईश्वर दत्त, डी.एन. कल्हण, पूनेन अब्राहम, अनवर अहमद, वी. बालासुब्रमण्यम, अजीत भट्टाचार्य, प्रोमिला ढींगरा (जिन्होंने कल्हण से शादी की) और रेखा मेनन जैसी हस्तियाँ आयीं।

शंकर ने हमारे अपार्टमेंट के नीचे की मंजिल पर एक कमरे में एक डेस्क पर अपने कार्टून बनाये। वे हाथ में पेंसिल लिए हुए अपनी नाक के नीचे ड्राइंग शीट पर तब तक ध्यान केन्द्रित रखते थे, जब तक कि मेरे जैसा कोई लड़का उनके सामने आकर कोई मूर्खतापूर्ण सवाल नहीं पूछता था और वे उस पर फट पड़ते थे। यहाँ मैंने एक बात सीखी कि दूसरों को हँसाना एक कष्टदायक, यहाँ तक कि कई बार आँसू तक ला देने वाला एक व्यायाम है।

मैं शर्मिंदगी से मर जाता हूँ जब मैं उन स्वतन्त्रताओं को याद करता हूँ जो मैंने एक बच्चे और लड़के के रूप में न केवल कालजयी शंकर के साथ, बल्कि *एचटी* स्टाफ के कई पत्रकारों के साथ भी हासिल की थी। कभी मैं भारत, ऑस्ट्रेलिया या इंग्लैंड के विभिन्न स्थानों पर खेले जा रहे क्रिकेट के नवीनतम स्कोर जानने के लिए दौड़ता था, तो कभी ऐसे दूसरे प्रश्न पूछता था जो धृष्टता भरा होता था। मैं यह सोचता हूँ कि मुझे सिर्फ़ इसलिए नहीं बर्दाश्त किया गया क्योंकि मैं किसका बेटा था, बल्कि इसलिए भी सहन किया गया, क्योंकि मैं जिज्ञासु भी था।

जब कार्टूनिस्ट शंकर ने *एचटी* छोड़ दिया (क्योंकि उन्होंने कहा था, मेरे पिता ने मेरे नाना की आलोचना करने वाले कार्टून को अस्वीकार कर दिया था), तो उनकी जगह रावलपिण्डी में जन्मे अनवर अहमद ने भरी, जो तब तक जिन्ना से जुड़े अख़बार *डॉन* के लिए कार्टूनिंग कर रहे थे। मुझे दुर्गा दास की यह बात याद है कि वे *एचटी* के लिए अहमद को पकड़ लाये थे। अहमद, जिनकी 1992 में मृत्यु हो गयी, प्रतिदिन 'चन्दू' नाम से एक लोकप्रिय लटकन बनाते थे, जिसका पहले शीर्षक 'चन्दू द चौकीदार' था। इसमें नायक को उसकी पत्नी बार-बार चुप करा देती थी।

डॉन का प्रकाशन दरियागंज स्थित एक इमारत से होता था, जो फ़ैज़ बाज़ार रोड पर स्थित थी। दिल्ली गेट से उत्तर की ओर जाने वाले मुख्य राजमार्ग को दशकों तक इसी नाम से जानते थे। बाद में गोलचा सिनेमा हॉल कमोबेश वहीं बना, जहाँ *डॉन* का कार्यालय हुआ करता था। हम जब भी चाँदनी चौक या कश्मीरी

गेट या पुरानी दिल्ली में कहीं भी जाते थे तो हमेशा *डॉन* का कार्यालय हमारी बायीं ओर पड़ता था।

जिन्ना, जो मेरे आसपास के कई लोगों की नज़र में एक बड़ी बाधा थे, कैसे दिखते हैं, यह जानने के लिए मैं एक बार अपने घर से कुछ ही दूरी पर एक फुटबॉल मैच का फाइनल देखने के लिए गया था, क्योंकि 'आज के कार्यक्रम' के तहत एक आइटम में घोषणा की गयी थी कि जिन्ना वहाँ ट्रॉफियाँ वितरित करेंगे। यह 1947 की पहली तिमाही की बात होगी। सर पर टोपी, लम्बा कोट और पतलून पहने हुए जिन्ना मुझे पतले और बूढ़े लग रहे थे। उन्होंने उस समय क्या कहा, इसकी मुझे कोई याद नहीं है।

दिल्ली में लोग आमतौर पर मेरे और मेरे भाई-बहनों के प्रति अच्छे थे। वह इसलिए नहीं क्योंकि हम गांधी के वंशज थे या इसलिए कि मेरे नाना 1948 से 1950 तक भारत के गवर्नर जनरल थे, बल्कि मुख्य रूप से लोग हमारे पिता के कारण हमारी इज़्ज़त करते थे। अपनी सारी प्रसिद्धि के बावजूद, हमारे दादा या नाना दिल्लीवाले नहीं थे। अप्पा थे। उन्होंने *एचटी* के सभी पहलुओं, चाहे वह सम्पादकीय हो या व्यवसाय हो, को नियन्त्रित किया। यही नहीं उन्होंने हिन्दी में इसके सहयोगी प्रकाशन, *हिन्दुस्तान* को भी सँभाला। वह एक बहुत रसूखदार दिल्लीवाले थे।

बिड़ला के पास *एचटी* का स्वामित्व था, अप्पा केवल प्रबन्ध (यानी मुख्य) सम्पादक और प्रबन्ध निदेशक थे। मैंने 1940, 1950 या उसके बाद कभी भी प्रत्यक्ष या अप्रत्यक्ष रूप से नहीं सुना कि बिड़ला ने *एचटी* में उनके निर्णयों या विवेक में हस्तक्षेप किया हो।

वल्लभभाई पटेल, सड़क के नाम से परेशान हुए बिना, अपनी बेटी मणिबेन के साथ, एक औरंगज़ेब रोड पर रहते थे। जब मैं चौदह साल का था, तब मेरी उनसे एक संक्षिप्त लेकिन अविस्मरणीय मुलाक़ात हुई थी। मैं उनके बारे में यहाँ बहुत कम कहूँगा, क्योंकि उन पर मेरी एक किताब 1990 में पहली बार प्रकाशित होने के तीन दशक से भी अधिक समय बाद भी पढ़ी, पुनर्मुद्रित और सन्दर्भित की जाती रही है।

जहाँ तक औपचारिक ज़िम्मेदारियों की बात है, सरदार भारत के उप प्रधानमन्त्री, गृह मन्त्री, रियासतों के मन्त्री और सूचना एवं प्रसारण मन्त्री थे। वास्तव में वे और नेहरू देश के जुड़वाँ नेता थे। पटेल ने कैबिनेट में और लोगों के दिलों में नेहरू की प्रधानता को मानते हुए यह स्वीकार किया कि भीड़ 'जवाहर के लिए आती है, मेरे लिए नहीं'।[3] फिर भी वह कैबिनेट के अन्दर और नेहरू के साथ अपने मतभेदों के

बारे में व्यक्तिगत बातचीत में पूरी तरह से स्पष्टवादी थे और उन्होंने पार्टी में और साथ ही नौकरशाही में भी काफी स्वतन्त्र प्रभाव हासिल किया।

पटेल की उपलब्धियाँ अभूतपूर्व थीं, लेकिन आजकल ज़ोर-शोर से चल रही उस चर्चा का कोई ऐतिहासिक आधार नहीं है जिसमें कहा जाता है कि भारत के लोग और कांग्रेस पार्टी नेहरू को नहीं, बल्कि पटेल को प्रधानमन्त्री बनाना चाहते थे। लगातार दोहराने से झूठ आज 'ट्रेंड' में तो आ सकता है; लेकिन कल जो हुआ था उसे वह बदल नहीं सकता। गांधी की हत्या के पाँच दिन बाद 3 फ़रवरी, 1948 को नेहरू ने पटेल को जो पत्र लिखा था, और 5 फ़रवरी को पटेल का जो जवाब आया, उसमें एक-दूसरे पर उनका विश्वास गम्भीरता से और उत्साहपूर्वक दोहराया गया था। ये दोनों पत्र आसानी से सुलभ हैं।[4] और उनके उस असाधारण रिश्ते की सच्ची बानगी है, जिसने स्वतन्त्र भारत को एक ठोस शुरुआत दी।

मेरी पटेल से व्यक्तिगत मुलाक़ात, जैसा कि मई 1990 की मेरी लिखी पटेल की जीवनी की प्रस्तावना में बताया गया है, इस तरह थी—

> *अपने माता-पिता, भाई-बहन के साथ मैं एक औरंगज़ेब रोड गया और संयोग से मेरे और उनके अलावा कोई नहीं था। हम कुर्सियों पर एक-दूसरे के सामने और लगभग छह फ़ीट की दूरी पर बैठे। मैंने सोचा, वह अपने होंठों से मुझे देखकर मुस्कुरा रहे हैं और उनकी आँखें मेरा निरीक्षण कर रही हैं और मेरा मज़ाक़ उड़ा रही हैं। मैं असहज महसूस कर रहा था और अपनी आँखें उनसे हटाना चाहता था लेकिन मैंने ऐसा नहीं किया–मुझे लगता है कि मेरा अभिमान आड़े आ गया। फिर मुझे उनकी आँखों में और क़रीब से देखने का मौक़ा मिला और जिसमें मुझे स्नेह नज़र आया। उसी क्षण से मुझे पता चल गया कि लौह पुरुष के शरीर में एक जिन्दा दिल धड़कता है।*

पटेल 1948 में कुछ महीनों के लिए बीमार थे और 1950 की अन्तिम तिमाही के दौरान अस्वस्थ रहने के बाद पटेल को भारतीय वायु सेना (आईएएफ़) के डकोटा विमान से मुम्बई ले जाया गया, जहाँ 15 दिसम्बर को उनकी मृत्यु हो गयी।

• • •

इससे पहले कि मैं नेहरू को याद करूँ, मैं अपने माता-पिता के पास लौटना चाहता हूँ, जिन्होंने तारा, रामू, गोपाल और मुझे अच्छे से पाला और हम पर कभी अपनी उम्मीदों का बोझ नहीं डाला। हालाँकि 1950 के दशक की शुरुआत में एक शाम

एक छोटी-सी बातचीत हुई, जब अप्पा ने मेरे लिए अपनी कुछ आशाओं के बारे में संकेत दिये। वे और मैं रायसीना रोड पर चेम्सफोर्ड क्लब, जिसके अप्पा एक सदस्य थे, और एक निकटवर्ती इमारत, जिसमें अखिल भारतीय ललित कला और शिल्प सोसायटी की गैलरी थी, के बीच चल रहे थे।

मैंने क्लब में अप्पा के पुराने डनलप रैकेट का उपयोग कर टेनिस के कुछ सेट खेले। चलते समय अप्पा ने बहुत सहजता से कहा कि उन्हें ख़ुशी होगी, अगर मैं तीन चीज़ें करूँ एक संगीत वाद्ययन्त्र सीखूँ, ऑक्सफोर्ड विश्वविद्यालय में प्रवेश लूँ, और संसद सदस्य बनूँ। वह पहली और आख़िरी बार था, जब उन्होंने या मेरी माँ ने सुझाव दिया कि मुझे क्या करना चाहिए।

तब मैं सोलह या सत्रह साल का था और अपने कॉलेज में आ गया था। उस संक्षिप्त क्षण के बाद अप्पा ने एक बार भी मुझे अपनी कोई भी इच्छा याद नहीं दिलायी। उनकी पहली दो इच्छाएँ कभी पूरी नहीं हुईं, हालाँकि जब मैंने 2018 में ऑक्सफ़ोर्ड यूनियन की बहस में भाग लिया था तब मेरे मन को यह शान्ति मिली कि आंशिक रूप से ही सही उनकी दूसरी इच्छा कुछ हद तक पूरी हुई। तीसरी इच्छा 1990 में पूरी हुई, जब मैं यूपी विधानसभा द्वारा राज्यसभा के लिए चुना गया था।

शायद ही कभी अप्पा ने *एचटी* के लिए स्वयं सम्पादकीय या लेख लिखे हों। 1948 में जब मैं तेरह वर्ष का था, तब उन्होंने बोल कर एक सम्पादकीय मुझसे लिखवाया गया था। कांग्रेस अध्यक्ष पद के लिए पुरुषोत्तम दास टण्डन के सामने पट्टाभि सीतारमैया की दावेदारी को समर्थन देने की इच्छा से उन्होंने अपनी प्राथमिकताएँ स्पष्ट करते हुए *एचटी* के लिए एक सम्पादकीय लिखा, जिसमें मुझे एक लिपिकार के रूप में प्रयोग किया।

अप्पा के रिकॉर्ड का एक हिस्सा यह बताता है कि उन्होंने आज़ादी से पहले, उत्पीड़न के समय में थी *एचटी* को चलाये रखा था। बाद में बेहतर समय में उन्होंने अख़बार की ताक़त को कई गुना बढ़ा दिया। इस दौरान उन्होंने बड़ी चतुराई से महान प्रतिभा और परस्पर विरोधी विचारों वाली एक टीम का नेतृत्व किया और प्रत्येक को अपनी बात कहने की पर्याप्त गुंजाइश दी। जब अप्पा की मृत्यु के वर्षों बाद चालापति राव ने उन्हें अपने सबसे अच्छे सम्पादक के रूप में याद किया, तब यह शायद दूसरी बात थी, जिसे राव स्वीकार कर रहे थे।

1949 में मेरे साथ उन तीन आशाओं को साझा करने से लगभग तीन साल पहले उन्हें नेहरू और पटेल ने मास्को में भारत का राजदूत बनने के लिए कहा था।

लेकिन अप्पा को *एचटी* में अपनी स्वतन्त्रता का आनन्द आ रहा था और उन्होंने मना कर दिया। 1949 के कुछ वर्ष बाद जब किसी कारण से मुझे पहली बार इसके बारे में पता चला, तो मुझे उनकी प्रतिक्रिया अच्छी लगी। बाद के वर्षों में मैंने इस प्रतिक्रिया का और भी अधिक सम्मान किया, क्योंकि हमें यह अहसास हुआ कि प्रेस की स्वतन्त्रता को बनाये रखना और उसका बचाव करना कितना आवश्यक था। महज ब्रिटिश राज के चल जाने से प्रेस की स्वतन्त्रता पर ख़तरा ख़त्म नहीं हुआ था।

1954 में जब मैं उन्नीस साल का था, अप्पा का वज़न तेज़ी से कम हो गया और लगातार खाँसी होने लगी। कुछ समय पहले ही उन्हें टीबी और मधुमेह का पता चला था। एंटीबायोटिक्स ने टीबी को तो नियन्त्रण में ला दिया, लेकिन डायबिटीज के लिए प्रतिदिन एक या दिन में दो बार इंसुलिन के इंजेक्शन की आवश्यकता होती थी। उन्हें इंजेक्शन देना मेरा काम था।

1956 तक अप्पा यात्रा करने के लिए काफ़ी स्वस्थ महसूस करने लगे। शायद, यह जानते हुए कि अच्छी सेहत लम्बे समय तक नहीं रह सकती, उन्होंने और अम्मा ने तारा, गोपू और मेरे साथ यूरोप की यात्रा की योजना बनायी, अकेले रामू थे, जो यात्रा नहीं कर रहे थे। रामू एक मेधावी छात्र थे और उन्हें एक अच्छी छात्रवृत्ति मिली थी, जिससे सेंट स्टीफ़न में उनके छात्रावास में रहने का ख़र्च आता था।

मई 1956 में हम बम्बई से मार्सेले तक एक जहाज़ में गये, वहाँ से कैले तक एक ट्रेन में और फिर डोवर तक एक नाव में गये। महाद्वीप पर लौटते हुए हमने फ्रांस, जर्मनी, इटली और स्विट्ज़रलैंड के स्थान देखे। मुझे एडिनबर्ग, स्कॉटलैंड में छोड़कर, जहाँ मैं एक साल के लिए *द स्कॉट्समैन* में प्रशिक्षु था, अप्पा, अम्मा, तारा और ग्यारह वर्षीय गोपू भारत लौट आये। इस ट्रिप पर अप्पा की बचत का अच्छा-ख़ासा हिस्सा खर्च हुआ।

एडिनबर्ग में अपने प्रवास के दौरान मैं मोरल री-आर्मामेंट या एमआरए, जिसे अब इनिशिएटिव्स फॉर चेंज या आई.ऑफ़.सी. के नाम से जाना जाता है, के विचारों और इससे जुड़े लोगों के साथ काफ़ी गहराई से जुड़ गया। यह विचार कि जो लोग दुनिया को बदलना चाहते हैं, उन्हें ख़ुद को बदलने से शुरुआत करनी चाहिए, मेरे लिए सार्थक रहा और मुझे यह विचार भी पसन्द आया कि हर कोई बदलाव लाने वाला बन सकता है।

द स्कॉट्समैन में अपने प्रशिक्षण के अन्त में, मुझे अमेरिका में एक एमआरए सम्मेलन में आमन्त्रित किया गया था। यह सोचकर कि मुझे वहाँ जाना चाहिए, मैंने अपने पिता को एक पत्र में पूछा कि क्या वह इस यात्रा का ख़र्च उठायेंगे?

उन्होंने सहमति जताते हुए जवाब लिखा, लेकिन मैं समझ सकता था कि उन्होंने चाहा होगा कि मेरा अगला कदम अधिक व्यावहारिक हो।

अटलांटिक पार जान वाली उड़ान में बैठन से कुछ समय पहले मैंने दिल्ली को 'ट्रंक कॉल' किया और उनसे बात की। तब कोई सीधी डायलिंग नहीं थी। आपके द्वारा कॉल 'बुक' करने के एक घण्टे या उससे अधिक समय बाद, यदि ऑपरेटर वांछित नम्बर को ढूँढ़ लेती थी, तो वह आपको उससे कनेक्ट कर देती थी। यदि आप जिस व्यक्ति तक पहुँचने की उम्मीद कर रहे थे, वह फ़ोन पर नहीं आया तो आपको फिर से कॉल 'बुक' करनी होती थी।

चूँकि ट्रंक कॉल अनिश्चित होने के अलावा महँगी भी थीं। इसलिए 1957 की गर्मियों में वह कॉल पहली थी जो मैंने एक साल पहले द *स्कॉट्समैन* में से जुड़ने के बाद परिवार को की थी। परिवार की ओर से मुझे कभी कोई फ़ोन नहीं आया। लम्बी दूरी की कॉलों का 'ट्रंक' आपातकालीन या असामान्य घटनाओं के लिए होता था। 'सामान्य' समाचार साझा करने के लिए तब पत्र लिखा जाता था।

मेरा अमेरिका जाना असामान्य था। हमारे बीच तीन मिनट तक गर्मजोशी भरी और ख़ुशनुमा बातचीत हुई, लेकिन मुझसे एक ऐसी ग़लती हो गयी जिसे टाला जा सकता था। उनकी आवाज़ में फ़्लू की खनक सुनकर, मैंने उनसे कहा कि मुझे इसका पता लग गया है। जैसे ही मेरे मुँह से शब्द निकले, मुझे अपनी ग़लती का एहसास हुआ। मैं उन्हें ऐसा कुछ भी नहीं बता रहा था जो वह नहीं जानते थे या वह किसी भी तरह उपयोगी था। मैं केवल यह शिकायत कर रहा था कि हज़ारों मील दूर मेरे सबसे प्रिय अप्पा स्वस्थ नहीं थे। उन्होंने मुझे यात्रा के लिए शुभकामनाएँ दीं।

मैंने दोबारा उनकी आवाज़ कभी नहीं सुनी। अगस्त 1957 की शुरुआत में मैं अटलांटा, जॉर्जिया में एमआरए टीम के साथ काम कर रहा था। तभी बम्बई, जहाँ इन दिनों अप्पा आये हुए थे, वहाँ से एक तार आया कि उन्हें दिल का दौरा पड़ा है। कुछ ही घण्टे पहले जब मैंने और मेरे कुछ दोस्तों ने अटलांटा कॉन्स्टिट्यूशन-जर्नल के प्रसिद्ध सम्पादक राल्फ मैकगिल से मुलाक़ात की, तब मैंने मैकगिल के डेस्क के बगल की दीवार पर उनकी और अप्पा की एक तस्वीर देखी, जो कनॉट सर्कस स्थित *एचटी* कार्यालय में ली गयी थी।

मैंने लम्बी दूरी की एक कॉल बुक की। कॉल पर रामू ने बताया कि अप्पा नहीं रहे। न्यूयॉर्क और लन्दन में विमान बदलने के बाद जब मैं बम्बई पहुँचा, तब एक जार में अप्पा की केवल राख और हड्डियाँ बची हुई थीं। बीस वर्षीय रामू ने चौपाटी पर उनका अन्तिम संस्कार किया था। रामू और मैं अवशेषों को इलाहाबाद ले गये

और उन्हें पवित्र नदियों में प्रवाहित कर दिया। नौ साल पहले अप्पा और रामदास काका ने अपने पिता की राख के साथ यही किया था। रामू और मैं लाखों लोगों के साथ उस दृश्य के साक्षी बने थे।

अपने पिता से इकतीस साल छोटे अप्पा की मृत्यु उनसे मात्र नौ साल बाद हुई थी। हालाँकि उनके जीवन का एक बड़ा हिस्सा पिता के उद्देश्यों को पूरा करने में ही बीता पर अप्पा के पास एक ग़ज़ब की ख़ुद्दारी थी। वे दूसरों में अपनी रुचि और ख़ुद के साथ अपनी सहजता के कारण हमेशा भीड़ में भी औरों से अलग रहे।

मुझे अप्पा बहुत पसन्द हैं और अब भी उनकी बहुत याद आती है। इस बात का मुझे हमेशा अफ़सोस रहा कि उनके अन्तिम दिनों में उनके साथ नहीं रह सका। उन्होंने मुझे बहुत कुछ दिया और मेरे लिए बहुत कुछ किया, चुपचाप और धीरे से मेरी जानकारी के बिना, और मैं कुछ भी वापस नहीं कर सका।

• • •

मैं नेहरू भी से प्यार करता था। 1940 और 1950 के दशक में भला कौन नेहरू से प्यार नहीं करता था। ऐसा नहीं है कि मैं प्रधानमन्त्री के हर काम से ख़ुश था। मुझे 1956 में तब निराशा हुई जब हंगरी पर सोवियत आक्रमण की उनकी आलोचना ब्रिटेन, फ्रांस और इज़राइल द्वारा मिस्र पर लगभग एक साथ हुए हमले की उनकी निंदा की तुलना में बहुत कमज़ोर लग रही थी। लेकिन नेहरू का भारतीय लोगों के साथ जुड़ाव, उनके दु:खों को दूर करने की उनकी चाहत, अमीर और ग़रीबों के बीच की विशाल दूरी को कम करने का उनका जुनून, शासन में मानकों के प्रति उनकी उत्सुकता और व्यक्तिगत स्वतन्त्रता में उनका विश्वास किसी से भी छिपा नहीं था।

1956 या उसके आसपास से मेरे नाना राजाजी ने नेहरू की आलोचना करनी शुरू कर दी थी। यह आलोचना अक्सर अचूक तर्क के साथ होती थी। इस अवसर पर मैंने अपने पिता के ख़ेद को साझा किया, जिसे उन्होंने राजाजी को लिखे एक पत्र में व्यक्त किया था कि वे और नेहरू अपने मतभेदों पर आमने-सामने चर्चा क्यों नहीं करते।

नेहरू से आमने-सामने मिलने के मेरे अपने अवसर बहुत कम थे। 1950 के दशक के उत्तरार्द्ध में एक बार मुझे नयी दिल्ली के एक रिसेप्शन में आमन्त्रित किया गया था जहाँ वे मौजूद थे। प्रधानमन्त्री को अकेले खड़ा देखकर मैं उनके पास गया और कुछ छोटे और शायद बेवकूफ़ी भरे सवाल पूछे। उन्हें कोई फ़र्क नहीं पड़ रहा था।

मैं नहीं समझता कि उन्हें मेरे परिवार के बारे में जानकारी थी और न ही मैंने उन्हें बताने की ज़रूरत समझी।

1963 में मुझे उनसे मिलने का समय लेने के लिए बाध्य होना पड़ा। मैं और मेरे दोस्त अन्तरराष्ट्रीय प्रतिभागियों के साथ एक बड़ा एमआरए सम्मेलन आयोजित करने की योजना बना रहे थे और आधे दिन के लिए विज्ञान भवन सभागार किराये पर लेना चाहते थे। बड़े चाहे छोटे, हम जिस भी अधिकारी से मिले, वह हमें सभागार किराये पर नहीं दिला पाया। इस बात के लिए मुझे स्वयं प्रधानमन्त्री जवाहरलाल नेहरू से मिलना पड़ा।

मैंने अपॉइंटमेंट माँगा और सौभाग्य से मुझे यह मिल गया। प्रधानमन्त्री के निवास तीन मूर्ति के फ्रंट डेस्क पर विमला सिन्धी ने मेरा स्वागत किया। उस समय के जो लोग जीवित होंगे वे ज़रूर इस हँसमुख पंजाबी महिला को याद करते होंगे। उसके बाद मुझे पण्डित जी के पास ले जाया गया। वे एक लॉन के सामने भूतल के एक हवादार कमरे में एक सोफे पर बैठे थे और मुझे उनके सामने बैठने को कहा गया।

नेहरू न केवल अपने चौहत्तरवें जन्मदिन के क़रीब थे, बल्कि अस्वस्थ भी थे, उनकी हालत पर चीन के युद्ध का भी असर था। 'कहिए', उन्होंने इस 28 साल के युवक से कहा। मैंने उन्हें प्रस्तावित सम्मेलन और यहाँ आने का कारण बताया। उन्होंने इस बात पर आश्चर्य नहीं व्यक्त किया कि भारत के प्रधानमन्त्री को यह निर्णय लेना पड़ा कि एक ग़ैर-आधिकारिक कार्यक्रम के लिए एक सभागार उपलब्ध कराया जा सकता है या नहीं। उन्होंने मुझसे वांछित तारीख़ पूछी, उसे एक जगह नोट किया सहमति दी और मुझे बताया कि किससे सम्पर्क करना है।

बैठक केवल कुछ ही मिनटों तक चली, लेकिन जैसे ही मैं तीन मूर्ति से बाहर निकला, मैं एक तरफ जहाँ उनके स्वास्थ्य को लेकर चिन्तित था, वहीं उनकी व्यावसायिक और मददगार रुख से प्रभावित हुआ। मैं इस मुलाक़ात को लेकर पूरी तरह से आश्वस्त नहीं था, क्योंकि मुझे पता था कि नेहरू को एमआरए के बारे में कुछ संदेह था। फिर भी उन्होंने एमआरए कार्यक्रम के आयोजन के लिए न सिर्फ़ हामी भरी, बल्कि एक ऐसी जगह भी दिलायी जो शायद उस समय राजधानी की सबसे बेहतरीन सरकारी स्वामित्व वाली जगह थी। यह उनका अभिव्यक्ति की आज़ादी के प्रति समर्पण भी दर्शाता था।

इसके कुछ सप्ताह बाद, पण्डित नेहरू ने मेरा एक और अनुरोध स्वीकार कर लिया। यह ब्रिटेन के प्रभावशाली लेखक और नाटककार पीटर हॉवर्ड, जो एमआरए का नेतृत्व कर रहे थे, की प्रधानमन्त्री से मुलाक़ात को लेकर था। जब हॉवर्ड और

मैं, उन्हें उनके साउथ ब्लॉक कार्यालय में मिले, तो प्रधानमन्त्री कुछ महीने पहले की तुलना में और अधिक कमज़ोर लग रहे थे। उन्होंने हमसे बात करते समय कुछ गोलियाँ निगलीं, लेकिन उनका ध्यान पूरी तरह से हॉवर्ड की बातों की ओर था। उन्होंने मेरे द्वारा दिखाई गयीं तस्वीरों को भी ध्यान से देखा। ये उन युवा भारतीयों की तस्वीरें थीं, जिन्होंने एमआरए की प्रेरणा से 'स्वच्छ, मज़बूत और एकजुट भारत' के लिए प्रचार कर रहे पुरुषों और महिलाओं को घेर रखा था।

छह महीने बाद मई 1964 में मैं कई युवा भारतीयों के साथ नीलगिरि में ऊटी के एक प्रशिक्षण शिविर में था, जब नेहरू की मृत्यु की ख़बर आयी। वहाँ जुटे लोगों को यह समाचार देते समय मेरा गला रुँध गया।

हर कोई शोकग्रस्त महसूस कर रहा था। चार महीने से कुछ अधिक समय बाद, मुम्बई से निकलन वाले साप्ताहिक *हिम्मत,* जिसकी शुरुआत हममें से कुछ लोगों ने निर्बाध और रचनात्मक बहस को बढ़ावा देने के उद्‌देश्य से की थी, के शुरुआती अंक के कवर पर नेहरू थे। नेहरू मुखपृष्ठ पर इसलिए नहीं थे क्योंकि नयी पत्रिका उनकी सभी घरेलू और अन्तरराष्ट्रीय नीतियों से सहमत थी, जो कि वह नहीं थी, बल्कि इसलिए कि भारत को स्वतन्त्र और प्रबुद्ध करना उनके जीवन का उद्‌देश्य था।

आज के भारत में मेरे जैसे कई लोग, उस चकित करने वाले व्यक्तित्व, जो मानवीय और त्रुटिपूर्ण भी था, के बारे में फैलायी गयी झूठी कहानियों से बहुत आहत हैं। उसे लाखों लोग प्यार करते थे और उन्हें उस पर गर्व था। जेल में बिताये गये उनके चौदह वर्षों से भी अधिक, उनकी पचपन वर्षों की अथक सेवा से भी ज़्यादा, सत्रह वर्षों तक प्रधानमन्त्री के रूप में उनकी उपलब्धियों से भी अधिक, यह असहमति और बहस के प्रति उनका समर्पण ही था जिसे मेरे जैसे कई लोग आज भी याद करते हैं और उनकी कमी महसूस करते हैं।

• • •

लाल बहादुर शास्त्री ने जून 1964 से लेकर जनवरी 1966 में अपनी मृत्यु तक अपने छोटे से प्रधानमन्त्रित्व काल में दो साहसिक कदम उठाये। सबसे पहले, देश की सरकारी भाषा के रूप में हिन्दी को लागू करने के दक्षिण के विरोध के आगे झुकते हुए, उन्होंने भारत की एकता को बनाये रखा, भले ही उन्होंने इससे उत्तर भारत के राजनेताओं को नाराज़ कर दिया हो। उनका दूसरा कदम 1965 के युद्ध के बाद ताशकन्द में मास्को प्रायोजित भारत-पाक शिखर सम्मेलन था, जो पाकिस्तान के साथ दीर्घकालिक सुलह का प्रयास करना था। ताशकन्द में उनकी आकस्मिक मृत्यु

ने उस साहसी आकांक्षा को पंगु बना दिया। इसके बाद के वर्षों में दक्षिण एशिया में 1971 और 1999 में फिर युद्ध हुए और परमाणु बम का निर्माण हुआ, लेकिन यह एक अलग किताब का विषय है।

1965 के युद्ध से कुछ समय पहले मेरी मुलाक़ात शास्त्री जी से हुई थी। अपॉइंटमेंट लेने के बाद जब मैं वहाँ पहुँचा तो वे जनपथ पर अपने सरकारी आवास के लॉन में खुले में कुछ लोगों से बात कर रहे थे। मैं अपनी बारी का इन्तजार कर रहा था कि मेरे लिए दिया गया समय आया और निकल भी गया। कई और मिनट बीत गये और इस बात का कोई संकेत नहीं मिल रहा था कि उनसे बात करने वाला समूह उनको छोड़ने के लिए तैयार है। मैं कुलबुलाने लगा। कई गज की दूरी से प्रधानमन्त्री ने मेरी बेचैनी देखी, मुझे शान्ति से इन्तजार करने का इशारा किया। जल्द ही मुझे उनसे बात करने के लिए बुलाया गया। मैं इस घटना को तात्कालिक दायरे से दूर देख पाने की शास्त्री जी की सतर्कता को रेखांकित करने के लिए याद कर रहा हूँ। भले ही यह स्मरण मुझ जैसे तीस वर्षीय व्यक्ति की अधीरता और आत्म-महत्त्व को उजागर करता है।

प्रधानमन्त्री के रूप में शास्त्री की उत्तराधिकारी इन्दिरा गांधी की 1971 के युद्ध में सफलता और उस युद्ध के परिणाम अर्थात् बांग्लादेश का पाकिस्तान से अलग होने की घटना ने इन्दिरा को मदर इंडिया की छवि के साथ जोड़ दिया। कटु राजनीतिक विरोधियों सहित कुछ लोगों ने तो उनकी तुलना देवी दुर्गा से की। इन्दिरा का क़द बहुत बड़ा हो गया था। इसलिए प्राइम मिनिस्टर के साउथ ब्लॉक ऑफ़िस में पहली बार उनसे जब आमने-सामने मुलाक़ात हुई तब मैं यह देखकर चकित हुआ कि वास्तव में वे कुछ छोटे क़द की थीं।

एमआरए क्या है और क्या नहीं, इसकी जानकारी देने के लिए मैंने उनसे मिलने का समय माँगा था। जब मैं उनसे मिला, तब वह बाढ़ से हुए नुकसान को देखने के बाद उड़ीसा से दिल्ली वापस आयी थीं। मैंने उनसे कहा, 'एमआरए भारत में जो करता है, उसके लिए मैं जवाबदेह हूँ। अगर सरकार के पास कोई सवाल है, तो उसे मुझसे पूछना चाहिए।' उन्होंने जवाब में कुछ नहीं कहा लेकिन पूरी बातचीत के दौरान वे मेरे प्रति सभ्य रही। दिसम्बर 1972 में राजाजी की मृत्यु के कुछ महीने बाद जब मैंने उनकी जीवनी पर काम करना शुरू किया, तब मैंने इन्दिरा गांधी से मिलने के लिए एक बार फिर समय माँगा और मुझे मिल भी गया। मैं इन्दिरा से एक ऐसे व्यक्ति के बारे में जानना चाहता था, जो पहले उनके पिता के क़रीबी सहयोगी थे, बाद में उनके प्रतिद्वन्द्वी बन गये, और हाल में वे इन्दिरा के भी कट्टर राजनीतिक

दुश्मन बन गये। संसद भवन के पीएम कार्यालय में हुई इस बैठक में इन्दिरा के प्रेस सलाहकार वाई शारदा प्रसाद भी उनके साथ थे। राजाजी के बारे में मेरे सवालों का जवाब देने के अलावा उन्होंने मुझे उनके बारे में एक संक्षिप्त लिखित बयान भी दिया, जिसमें शारदा प्रसाद ने ज़रूर मदद की होगी। यह बातचीत पूरी तरह सौहार्दपूर्ण थी।

• • •

26 जून 1975 की सुबह, जब मेरी पत्नी उषा और मैं मद्रास सेंट्रल स्टेशन पर पहुँचे (पुणे से अचानक हुई यात्रा के चलते एक अनारक्षित डिब्बे के फर्श पर अख़बारों पर सोने के बाद), मैंने लोगों से सुना कि देश में 'आपातकाल' घोषित कर दिया गया है। उसके बाद के इक्कीस महीनों में उषा और मैं उन लोगों में से थे, जिन्होंने तमिलनाडु, कर्नाटक, दिल्ली, महाराष्ट्र और गुजरात में आपातकाल का विरोध किया।

हिम्मत और वे अद्भुत महिलाएँ और पुरुष, जिन्होंने इसे बम्बई में प्रकाशित किया (मुझ जैसे लगातार यात्रा करने वाले मुख्य सम्पादक के सहयोग से) आपातकाल की कहानी का एक हिस्सा हैं। हमारी पत्रिका से लोगों का उत्साह बढ़ा और विभिन्न विचारधारा के लोगों ने इसकी तलाश की। यहाँ तक कि कुछ लोगों ने उन जेलों में भी *हिम्मत* पढ़ने का प्रबन्ध किया, जहाँ उन्हें क़ैद किया गया था। हालाँकि, नवम्बर 1981 तक यानी आपातकाल समाप्त होने के लगभग पाँच साल बाद और पहला अंक प्रकाशित होने के लगभग सत्रह साल बाद *हिम्मत* ने अपनी व्यवहार्यता खो दी और इसका प्रकाशन निलम्बित कर दिया गया।

आपातकाल के महान नायकों में से एक थे *इंडियन एक्सप्रेस* के मालिक रामनाथ गोयनका। मैं उन्हें कुछ समय से जानता था और 1973 में अपनी 'राजाजी की जीवनी' के लिए उनका साक्षात्कार लिया था। कभी राजाजी के पैरोकार और कभी विरोधी रहे गोयनका मेरे पिता के दोस्त भी थे। दोनों ने भारत के लिए अख़बारी काग़ज़ प्राप्त करने में उस वक़्त एक-दूसरे का सहयोग किया था जब द्वितीय विश्व युद्ध के चलते इसकी आपूर्ति कम हो गयी थी। अधिक दिलचस्प बात यह है कि उन्होंने उससे तीन साल पहले भारत छोड़ो आन्दोलन के दौरान एक साथ काम किया था।

जो बात मैं अपने पिता से पहले ही जानता था, उसकी पुष्टि गोयनका ने 1973 में की कि उन्होंने मद्रास में गुप्त रूप से एक किताब छापी थी, जिसे मेरे पिता ने 1942 में *इंडिया रैवेज्ड* नाम से लिखी थी, जिसमें उस वर्ष राज के दमन के विस्तृत

उदाहरण थे। *इंडिया रैवेज्ड, इंडिया अनरिकनसाइल्ड* का अधिक स्पष्ट संस्करण थी, जिसे मेरे पिता ने 1942 में खुले तौर पर प्रकाशित की थी।

आपातकाल के दौरान जब अधिकांश अख़बारों ने भीरुतापूर्वक सेंसरशिप और सरकार के आगे समर्पण कर दिया था, तब *इंडियन एक्सप्रेस* और गोयनका द्वारा नियन्त्रित अन्य अख़बारों ने एक दुर्लभ साहस दिखाया, जिसे पूरी दुनिया ने सराहा था। मुझे गर्व था कि *हिम्मत* भी मुखर रहा, जैसा कि कुछ अन्य निडर पत्रिकाओं ने किया, जिनमें अधिकतर छोटी पत्रिकाएँ थीं।

मार्च 1977 में इन्दिरा की हार के बाद भी सरकारी एजेंसियाँ रामनाथ गोयनका को परेशान करती रहीं। दुखी गोयनका, जिनके चेहरे पर निराशा साफ़ झलक रही थी, ने मुझे बताया कि यह सब मोरारजी देसाई के नेतृत्व वाली सरकार के तहत हो रहा है।

अभिव्यक्ति की स्वतन्त्रता के अधिकार की रक्षा के लिए सब कुछ जोख़िम में डालने वाले दोस्तों के साथ खड़े होने में विफलता जनता पार्टी का एकमात्र दोष नहीं था। सबसे बड़ी कमज़ोरी मोरारजी देसाई, चरण सिंह और जगजीवन राम गठबन्धन के तीन बड़े नेताओं, जिन्होंने इन्दिरा को हराया था, के बीच की प्रतिद्वन्द्विता थी।

मैं तीनों नेताओं–देसाई, चरण सिंह और जगजीवन राम–को जानता था। देसाई के नेतृत्व वाली टीम के शपथ लेने से पहले मैं महाराष्ट्र के दो प्रतिष्ठित व्यक्तियों, एन.जी. गोरे और एस.एम. जोशी के साथ एक अभियान में शामिल था। यह अभियान उत्तेजित जगजीवन राम, जिन्हें प्रधानमन्त्री पद से वंचित कर दिया गया था, जिसका वे अपने को हक़दार समझते थे, को कैबिनेट में जगह स्वीकार करने के लिए मनाने का सफल प्रयास था। बाद में जनता पार्टी के इतिहास बन जाने के बाद मोरारजी ने मुझसे कहा था, 'जगजीवन राम ने मुझसे कहा था : हमारी जोड़ी नहीं चलेगी।'[5]

ऐसा ही एक वाकया इससे एक सौ तीस साल पहले हुआ था। जब 1840 के दशक में महाराजा रणजीत सिंह के झगड़ालू उत्तराधिकारियों ने आगे बढ़ते हुए अंग्रेज़ों के लिए पंजाब पर क़ब्ज़ा करना आसान बना दिया था। जो कुछ हुआ उसे सारांशित करते हुए एक इतिहासकार ने लिखा : 'नेताओं ने अन्ततः अंग्रेज़ों के बजाय अपने प्रतिद्वन्द्वियों को ही अपना असली दुश्मन मान लिया था।'[6]

भारतीय इतिहास की यह विनाशकारी विशेषता है कि 'अपने शत्रुओं को भूल जाओ' और 'अपने सहयोगियों को समाप्त करो' की प्रवृत्ति बार-बार अपना सिर उठाती है।

जब 1975 में आपातकाल लगाया गया, तब मैंने तमिल देश में के. कामराज और एम. करुणानिधि को एक-दूसरे के क़रीब लाने की कोशिश की। आपातकाल

से कुछ समय पहले, मैंने राजाजी की कहानी लिखने के अपने प्रयास के सन्दर्भ में, कामराज से पूछा था कि मुझे बतायें कि क्या वह यानी कामराज, 1947 के आसपास के वर्षों में नेहरू के साथ खड़े थे या पटेल के साथ। उनका जवाब तत्काल था : 'ने-घा-रू'।

करुणानिधि के साथ भी मेरे अच्छे सम्बन्ध थे। एक बार जब राजाजी ने मुझे करुणानिधि के घर पर उनसे मिलवाया था, तब करुणानिधि ने मुझे अपने परिवार से भी मिलवाया था, जिसमें उनकी पत्नी जयति अम्माल भी शामिल थीं। 'वह एक हरिजन है,' करुणानिधि ने मेरा उनसे परिचय कराते हुए गर्व से कहा।

देश में आपातकाल लागू होने के समय करुणानिधि तमिलनाडु के मुख्यमन्त्री थे। जब मैंने उनसे पूछा कि क्या वह नयी स्थिति में पुराने प्रतिद्वन्द्वी कामराज के साथ काम करने के इच्छुक हैं, तब उन्होंने कहा कि वह निश्चित रूप से ऐसा चाहते हैं, लेकिन पहल कामराज को करनी होगी। जब मैं कामराज से मिलने गया तो वो थके हुए थे और अपने बिस्तर पर लेटे हुए थे। हालाँकि उन्होंने कहा कि वे तैयार हैं। उसके बाद ज़्यादा दिन नहीं बीते कि 2 अक्टूबर, 1975 को कामराज की मृत्यु हो गयी।

मेरे लिए आपातकाल के उपहारों में से एक आचार्य कृपलानी के साथ समय बिताने का मौक़ा था, जिन्होंने कुछ महीने चेन्नई (तब मद्रास) के कल्कि गार्डन में एक झोंपड़ी में बिताये, जहाँ एक दूसरी छोटी-सी झोंपड़ी में मेरी पत्नी, उषा और हम भी रहते थे। दादा, जैसा कि हम स्नेह से आचार्य जी को सम्बोधित करते थे, क्षतिग्रस्त कॉलरबोन का इलाज करा रहे थे, लेकिन मानसिक और शारीरिक रूप से पूरी तरह सक्रिय थे। वह उषा, जो ख़ुद एक सिन्धी थीं, के बनाये गये सूप को बड़े चाव से पीते थे। मैं भी कभी-कभी उनके हाथ पैर दबा देता था।

उषा, जिनसे मैंने अगस्त 1974 में शाहदरा, दिल्ली में शादी की थी, के बारे में बात करने के बाद मैं स्वतन्त्रता आन्दोलन की महिलाओं की एक शानदार ब्रिगेड का नाम बताने की अनुमति चाहता हूँ, जो मेरी माँ द्वारा नयी दिल्ली के कॉन्स्टिट्यूशन क्लब में दिये गये शादी के प्रीति भोज में आयी थीं। गांधी जी की साथी और मेरी माँ की अच्छी दोस्त ऐसी महिलाएँ भी थीं, जिन्हें मैं जानता था, प्यार करता था और सम्मान करता था और जिन्होंने उषा और मुझ पर हमेशा अपना स्नेह बरसाया।

पंजाब के राजपुरा से अमतुस सलाम, जिन्हें मैं बचपन से जानता था; बंगाल, दिल्ली और अन्य जगह से सम्बन्ध रखने वाली अरुणा आसफ़ अली; केरल और दिल्ली से लक्ष्मी मेनन; गुजरात से मणिबेन पटेल; मृदुला साराभाई, जिन्होंने कश्मीर

सहित हर जगह अन्याय पीड़ितों से दोस्ती की; सुचेता कृपलानी-दादा कृपलानी की अद्भुत जीवन साथी-बंगाल, यूपी और दिल्ली से; और पंजाब, दिल्ली और महाराष्ट्र से सुशीला नायर, जो व्यावहारिक रूप से हमारे परिवार की सदस्य थीं। कई अन्य लोग भी रहे होंगे। इन्दिरा गांधी ने मेरी माँ को एक गर्मजोशी भरा पत्र भेजा था।

उषा और मैंने एक-दूसरे को कैसे पाया, वह मेरे लिए क्या मायने रखती है, सैंतालीस साल से लेकर अब तक हमारा साथ कैसा रहा? वे और सम्बन्धित कहानियाँ फिर कभी।

चेन्नई के कल्कि गार्डन की बात करें तो वह हरा-भरा स्थान *कल्कि* और *स्वराज्य* के प्रकाशक टी. सदाशिवम और उनकी पत्नी एम. एस. सुब्बुलक्ष्मी का था। आपातकाल के बाद के महीनों में यह हमारा घर बन गया, क्योंकि यहीं पर मैं राजाजी की जीवनी पर सबसे प्रभावी ढंग से काम कर सका, जिसके लिए सदाशिवम भी बहुत उत्सुक थे। राजाजी ने अपने अन्तिम वर्षों के दौरान इसी बगीचे की झोंपड़ी में आगन्तुकों का स्वागत किया और *स्वराज्य* के अपने लेखों को यहीं बोलकर लिखवाया, जहाँ भाग्य ने हमें रहने का अवसर दिया।

1977 की शुरुआत में एक बार जब क़ैदियों को रिहा कर दिया गया और चुनाव का आदेश दिया गया, तब वहाँ बहुत उत्साह था। लालकृष्ण आडवाणी सहित कई लोग कृपलानी से मिलने कल्कि गार्डन पहुँचे और हमें उन्हें जानने का मौक़ा मिला।

दादा कृपलानी और सदाशिवम मामा (जैसा कि मैं उन्हें बुलाता था) दोनों उत्सुक थे कि मैं 1977 का चुनाव लड़ूँ। इस बात को लेकर मैं भी इच्छुक था। जब मैंने चुनाव प्रचार के ख़र्च का सवाल उठाया तब कृपलानी ने कहा, 'मैं अपनी बचत से पैसे दूँगा।' उन्होंने जयप्रकाश नारायण को फ़ोन किया, यह जानने के लिए क्या पटना मेरा निर्वाचन क्षेत्र हो सकता है। 'बहुत देर हो गयी', जेपी ने उत्तर दिया। नि:सन्देह देर तो हो गयी थी। आख़िर अन्तिम समय में किसी बाहरी व्यक्ति को पटना जैसा प्रमुख निर्वाचन क्षेत्र क्यों दिया जाना चाहिए?

लेकिन मैं अपनी ओर से कृपलानी की उत्सुकता से बहुत प्रभावित हुआ। उसके बाद हुए चुनावों में मैंने आपातकाल का विरोध करने वालों के समर्थन में तमिलनाडु और गुजरात में सक्रिय रूप से अभियान चलाया।

इन्दिरा की हार के बाद कृपलानी और जेपी की जोड़ी को विजयी गठबन्धन, जो कि जनता पार्टी का रूप ले चुका था, में से किसी एक को सरकार का नेतृत्व करने के लिए चुनने को कहा गया।

जनता पार्टी के सांसदों द्वारा नेता चुनने के विकल्प को विभाजन का निश्चित रास्ता बताकर ख़ारिज कर दिया गया। जैसा कि सभी जानते हैं कि कृपलानी और जेपी की पसन्द चरण सिंह और जगजीवन राम के बजाय मोरारजी देसाई थे।

जगजीवन राम के इन्दिरा गांधी से नाता तोड़ने और विपक्ष में शामिल होने से कई महीने पहले मेरी माँ, जो एक बैठक के लिए मद्रास से दिल्ली जा रही थीं, ने भाँप लिया था कि जगजीवन राम, जो उस बैठक में भी भाग ले रहे थे, आपातकाल से नाख़ुश थे। यह सिद्धान्त कभी-कभी प्रतिपादित किया जाता है कि 1977 में अगर जगजीवन राम प्रधानमन्त्री बने होते तो 1990 के दशक के बाद देखे गये ध्रुवीकरण को रोका या कम किया जा सकता था, लेकिन इसे साबित करना असम्भव है। 1970 के दशक में राजनीति और प्रशासन में निपुण जगजीवन राम जैसे प्रतिभाशाली दलित बुद्धिजीवी के प्रधानमन्त्री बनने से भारत के लाखों वंचितों के लिए आशा जगती, यह स्वीकार करना कठिन नहीं है। हालाँकि, इतिहास बाद के विचारों से नहीं बनता है।

परम्परागत गुजराती शैली में मैं मोरारजी देसाई को मोरारजी काका कहकर सम्बोधित किया करता था। जब भी मैं उनसे नयी दिल्ली में उनके विलिंगडन एस्टेट स्थित घर पर मिलने गया, तो उन्होंने हमेशा की तरह मेरे प्रति गर्मजोशी दिखाई। अक्सर मैं शाम के समय मिलने जाया करता था, वह भी आमतौर पर बिना पहले से समय लिये। ऐसा उनके प्रधानमन्त्री बनने से पहले और बाद में भी हुआ। मैं बुलाये जाने तक सामने वाले कमरे में बैठा रहता था। हालाँकि मैं जल्दी ही बुला लिया जाता था।

बेशक, इस गर्मजोशी का मेरे दादा जी के साथ बहुत कुछ लेना-देना था, लेकिन शायद मोरारजी को भी किसी ऐसे जिज्ञासु व्यक्ति से खुलकर बात करने में ख़ुशी होती थी, जो किसी बात का बतंगड़ बनाने की तलाश में नहीं था। वह आसानी से मुस्कुरा देते थे, कई बार मज़ाक भी करते थे। घर पर अपनी बड़ी कामकाजी मेज से फ़ाइलें तुरन्त हटा देते थे। वह एक सहज श्रोता भी थे। कई बार बातचीत के दौरान वे बन्द डिब्बे वाले चरखे से कताई करके बारीक धागा भी बना लेते थे।

एक बार जब उनका फ़ोन बजा और उन्होंने उसे उठाया, तो मैंने फ़ोन करने वाले को यह कहते हुए सुना कि मोरारजी भाई को यह जानकर ख़ुशी होगी कि स्पष्ट रूप से एक प्रतिष्ठित पवित्र अमुक व्यक्ति, अब 'दिल्ली पहुँच गये' हैं। दूसरे शब्दों में फ़ोन करने वाला व्यक्ति यह कहना चाह रहा था कि मोरारजी को उनसे मिलना चाहिए। 'मैं भी यहीं हूँ।' कहते हुए मोरारजी ने फ़ोन रख दिया। ऐसा करने के बाद उन्होंने मुझसे ज़्यादा स्वयं से प्रश्न किया, 'क्या मैं अक्खड़ था? बस टटोल रहा हूँ।'

व्यापक रूप से आत्म-सन्तुष्ट माने जाने वाले मोरारजी वास्तव में ख़ुद से सवाल करने में सक्षम थे। लेकिन वे हठी थे और यही उनकी ताक़त और कमज़ोरी दोनों थी।

• • •

जब 1984 की गर्मियों में मुझे वाशिंगटन स्थित वुड्रो विल्सन सेंटर फ़ॉर इंटरनेशनल स्कॉलर्स से आठ महीने की फेलोशिप मिली, तब मैंने रामनाथ जी से पूछा कि क्या भारत लौटने पर वह मुझे चेन्नई में इंडियन एक्सप्रेस के रेजिडेंट एडिटर के रूप में काम करने देंगे। उस समय चेन्नई के सम्पादक सईद नकवी ने मुझे बताया था कि वह जा रहे हैं। गोयनका की प्रतिक्रिया त्वरित और उत्साहपूर्ण थी 'हाँ!' जब अप्रैल 1985 में अपनी वापसी पर, मैंने उन्हें बताया कि मैं काम शुरू करने के लिए तैयार हूँ, तब उन्होंने कहा, 'तो लोग अपना वादा निभाते हैं?'

चेन्नई में एक्सप्रेस के सम्पादन के दौरान मैंने एक पूरे क्षेत्र से जीवन्त और अटूट रिश्ते का आनन्द लिया। अख़बार के कई शहरों में संवाददाता और स्ट्रिंगर थे और चेन्नई में मेरे सहयोगी अद्‌भुत थे। मुझे काम पसन्द आया। हालाँकि दो साल बाद मैंने सरदार वल्लभभाई पटेल की जीवनी लिखने के लिए एक्सप्रेस छोड़ दी।

मानो या न मानो, जब मैंने पटेल के जीवन को एक किताब में क़ैद करने की कोशिश करने के लिए एक्सप्रेस छोड़ने के बारे में सोचा था, तभी मुझे सरदार पटेल मेमोरियल सोसाइटी के अध्यक्ष बाबूभाई पटेल का एक पत्र मिला, जिसमें मुझसे कहा गया था कि क्या मैं सरदार की जीवनी लिखना पसन्द करूँगा। मैं बाबूभाई से आपातकाल के दौरान मिला था, जब वे गुजरात के मुख्यमन्त्री थे, और हमने अक्सर सरदार के बारे में चर्चा की थी। उनका पत्र इस बात की अप्रत्याशित पुष्टि था कि मैं सही दिशा में सोच रहा हूँ।

इस समय तक, 1987 की गर्मियों में मैंने दो खण्डों वाली राजाजी की जीवनी[7] और *एट लाइव्स : ए स्टडी ऑफ़ द हिन्दू-मुस्लिम एनकाउंटर* नामक एक अन्य पुस्तक लिखी थी, जो मेरी *वुड्रो विल्सन सेंटर फ़ेलोशिप* का परिणाम थी, जिसे उसके बाद *अंडरस्टैंडिंग द मुस्लिम माइंड* के रूप में पुन: प्रकाशित किया गया था।

मेरी *पटेल : ए लाइफ़* 1990 में प्रकाशित हुई थी। इसके बाद मैं किसी तरह अन्य कार्यों के अलावा गांधी और अब्दुल गफ़्फ़ार ख़ान की जीवनियाँ, पंजाब का इतिहास, दक्षिण भारत पर एक किताब लिखने में सक्षम हुआ। मैंने *'रिवेंज एंड रिकॉनसिलेशन'* शीर्षक से एक व्यापक अवलोकन किया जो समग्र रूप से दक्षिण एशिया की कहानी के पिछले दो हजार वर्षों का अध्ययन था। भारत का 1857 का

विद्रोह और अमेरिकी गृहयुद्ध का भी साथ-साथ अध्ययन किया जो लगभग आसपास के समय में घटित हुए थे। मेरे लिए सौभाग्य की बात है कि मैं इस प्रकार उन्नीसवीं और बीसवीं शताब्दी की घटनाओं और व्यक्तित्वों का विवरण प्रस्तुत करने में सक्षम हुआ, जिन पर 2022 में भी भारत में बहस जारी है।

पीछे मुड़कर देखने पर मैं इस प्रकार समझता हूँ कि मैंने क्यों लिखा और मैंने क्या लिखा। भारत बदल रहा था और यह बदलाव असंतोष पहुँचा रहा था। जिस राष्ट्रीय आन्दोलन में मैं पला-बढ़ा था, उसकी मानवता और व्यापकता पर हमला हो रहा था। आपातकाल के दौरान लोकतन्त्र पर आघात हुआ। अस्सी के दशक में एक और प्रतिज्ञा, जिसमें मानकर चला जा रहा था कि भारतीय राष्ट्र सभी के लिए समान रूप से है, को एक भावुक आन्दोलन की शुरुआत से चुनौती दी गयी थी जिसमें राम के प्रति प्रेम को मुसलमानों के प्रति द्वेष के साथ मिला दिया गया था।

मैंने न केवल स्वतन्त्रता आन्दोलन की ऑक्सीजन में सांस ली थी। मैं इसके लक्ष्यों और इसके विवरणों के बारे में उत्सुक था। मैं आन्दोलन के कुछ मृत योद्धाओं को जानता था, और कई ऐसे लोगों को भी जानता था, जो अभी भी जीवित थे। आन्दोलन की कहानियों को कैद करना, प्रस्तुत करना और संरक्षित करना एक अभ्यास था जिसे मुझे शुरू करना था, ख़ासकर ऐसे माहौल में जो लोकतन्त्र और समानता के लिए ख़राब होता दिख रहा था। मेरे लिए ख़ुशी की बात यह है कि यह अपरिहार्य कार्य भी सम्मोहक था।

• • •

वी.पी. सिंह ने 1989 में, जब कांग्रेस छोड़कर एक नयी राजनीति के लिए काफ़ी उत्साह पैदा किया और जनता दल का गठन किया, तब मुझे लगा कि मुझे नयी पार्टी में शामिल होना चाहिए। मैंने यह विचार जॉर्ज फर्नांडीस से व्यक्त किया, जिन्हें मैं 1950 के दशक से अच्छी तरह से जानता था। जॉर्ज, जो जनता दल में शामिल हो गये थे और वी.पी. सिंह के क़रीबी सहयोगी थे, इस बात से काफ़ी ख़ुश हुए। उन्होंने यह बात वीपी सिंह को बतायी।

एक मित्र, रिपोर्टर और स्तम्भकार नीरजा चौधरी, जो *हिम्मत* के लिए राजधानी दिल्ली कवर करती थीं, के सौजन्य से मेरी वी.पी. सिंह के साथ एक लम्बी व्यक्तिगत मुलाक़ात हुई। उन्होंने मुझे भारत की राजनीति के विवरण पर एक मास्टरक्लास दी। चित्रकला और कविता की तरह ही उन्हें राजनीतिज्ञ बनने में रुचि थी, लेकिन उनकी आत्मा ज़मीनी स्तर की राजनीति में थी।

कुछ दिनों बाद मैं तीन मूर्ति स्थित नेहरू मेमोरियल लाइब्रेरी में शोध कर रहा था, जब वी.पी. सिंह वहाँ पहुँचे, उन्होंने मुझे अपनी कार में बिठाया और एक प्रेस कॉन्फ्रेंस में ले गये, जहाँ मुझे पत्रकारों के सामने पेश करते हुए उन्होंने घोषणा की मैं अमेठी से जनता दल का उम्मीदवार बनूँगा और राजीव गांधी के ख़िलाफ़ चुनाव लड़ूँगा। निजी तौर पर मुझे उन्होंने और उनके साथ मिलकर जनता दल का नेतृत्व कर रहे हरियाणा के देवीलाल ने आश्वासन दिया था कि अगर मैं हार गया तो मुझे राज्यसभा भेजा जायेगा।

हालाँकि राजीव आसानी से जीत गये, लेकिन मैंने अमेठी में काफ़ी अच्छी लड़ाई लड़ी। जेडी और उसके सहयोगियों ने पूरे भारत में बहुत अच्छा प्रदर्शन किया और वी.पी. सिंह प्रधानमन्त्री बने। तीन महीने तक वे यह कहते हुए भिनभिनाते और भुनभुनाते रहे कि 'हाँ, हम तुम्हें भेज रहे हैं', 'नहीं, कठिनाइयाँ हैं', 'गवर्नरशिप के बारे में क्या?' आख़िरकार मैं उत्तर प्रदेश की नयी विधानसभा, जिसमें उस समय जनता दल का प्रभुत्व था, द्वारा राज्यसभा के लिए चुना गया।

प्रधानमन्त्री वी.पी. सिंह, उप-प्रधानमन्त्री देवीलाल, मुफ़्ती मोहम्मद सईद, इन्द्र कुमार गुजराल, मधु दण्डवते, जॉर्ज फर्नांडीस, शरद यादव, रामविलास पासवान सहित मन्त्रियों की एक प्रभावशाली टीम ने भारत पर शासन करने की कठिन चुनौती हाथ में ली। हालाँकि, भारत के इतिहास को कलंकित करने वाला सिद्धान्त–'अपने दुश्मनों को भूल जाओ; अपने सहयोगियों को ख़त्म करो'–भी काम कर रहा था।

जनता दल के तीन नेता, जो 1989-90 में सबसे ज़्यादा मायने रखते थे और प्रभाव रखते थे, वे थे वी.पी. सिंह, देवीलाल और चन्द्रशेखर। चन्द्रशेखर कैबिनेट में तो शामिल नहीं थे, लेकिन उनके पास समर्थक सांसदों का बड़ा समूह था।

एक बार फिर–जैसा कि 1977 में देसाई, चरण सिंह और जगजीवन राम के साथ हुआ था–इस बार भी मैं तीनों को जानता था और उनके विविध गुणों का आदर करता था। हालाँकि, उनको एक साथ रखने का कोई रास्ता नहीं दिख रहा था। इतिहास की विशेषता आदर्शवादी आशा से अधिक शक्तिशाली साबित हुइ' वी.पी. सिंह सरकार ग्यारह महीने के बाद गिर गयी, उसके बाद उतना ही छोटा चन्द्रशेखर का प्रधानमन्त्रित्व काल रहा।

वर्षों बाद, 2015 में छोटे मंच पर ही सही, वही निराशाजनक कहानी फिर दोहराई गयी। तीन अत्यधिक प्रतिभाशाली व्यक्ति, अरविन्द केजरीवाल, योगेन्द्र यादव, और प्रशान्त भूषण, जो एक और उम्मीद जगाने वाली पहल, आम आदमी पार्टी का नेतृत्व कर रहे थे, दिल्ली का नेतृत्व करने के लिए एक साथ रहने में असमर्थ साबित हुए।

एक बार फिर मैंने ख़ुद को 'लोकतन्त्र के लिए एक नयी ताक़त' के साथ मज़बूती से जोड़ लिया, जो वैसी ही थी, जैसी 1977 में जनता पार्टी और 1989 में जनता दल के रूप में दिखाई दी थी।

जैसा कि मैंने 1989 में किया था, मैं 2014 में फिर से चुनावी मैदान में उतरा, इस बार पूर्वी दिल्ली से आप उम्मीदवार के रूप में, पार्टी के भीतर एकता की रक्षा के घोषित उद्देश्य के साथ। उस 'लहर' वाले चुनाव में दिल्ली में आप के सभी सात लोकसभा उम्मीदवार हार गये, जिनमें मैं भी शामिल था। कोई बात नहीं। यह भी जीवन का एक हिस्सा था। हालाँकि, एक साल से भी कम समय के बाद, जब 2015 के विधानसभा चुनावों में आप की उल्लेखनीय जीत के ठीक बाद, प्रशान्त भूषण और योगेन्द्र यादव को आप से बाहर कर दिया गया, तो मैं एक बार फिर निराश हो गया। जबकि अरविन्द केजरीवाल और आप ने ज़ो कुछ हासिल किया है, उससे मैं बहुत प्रभावित हूँ, जिसमें मार्च, 2022 में पंजाब में उल्लेखनीय जीत भी शामिल है- ठीक उसी तरह जैसे मैं पहले केजरीवाल और मनीष सिसौदिया द्वारा दिल्ली में मोहल्ला क्लीनिकों और स्कूलों पर दिये गये ध्यान से प्रभावित हुआ था–हालाँकि मैं कभी-कभी कमज़ोर अल्पसंख्यकों के अधिकारों की रक्षा के लिए आप की अनिच्छा के कारण परेशान भी हुआ। मुझे ख़ुशी होगी, अगर आगे आने वाले समय में घटनाएँ उस धारणा को ख़त्म कर दें।

क्या मैं एक और चुनाव लड़ूँगा? शायद नहीं। लेकिन मैं किसी को भी, निश्चित रूप से ख़ुद से भी यह वादा नहीं करता कि मैं भारत की स्वतन्त्रता, समानता और भाईचारे के लिए किसी भी लड़ाई में अपनी भागीदारी को रोकूँगा। तब तो बिल्कुल नहीं जब कोई ख़राब हवा इन पवित्र दीयों को बुझाना चाहती हो।

गांधी सुरक्षित हैं

धरती की कितनी ख़बरें स्वर्ग तक पहुँचती हैं, यह कहना कठिन है, लेकिन यह मानते हुए कि गांधी जी को हरिद्वार और भारत में अन्य जगहों से उन पर हुए हमलों के बारे में पता है, मैं उन्हें हमलावरों पर उदारतापूर्वक मुस्कुराते हुए देखता हूँ।

उनकी हत्या के दो दिन बाद, दशकों तक गांधी जी के साथ चलने वाली जोशीली कवयित्री सरोजिनी नायडू ने ऑल इंडिया रेडियो पर कहा : 'मेरे पिता, आराम मत करो! हमें आराम मत करने दो। हमें अपनी प्रतिज्ञा पर क़ायम रखो।'[1] यह बात सत्तर से अधिक वर्ष पहले की है यानी दो पीढ़ियों से भी अधिक पहले की। हमें अब उन्हें रिहा कर देना चाहिए। गांधी ने अपना काम कर दिया। अब उन्हें आराम करने दो।

यदि हम अब भी चाहते हैं कि गांधी हमारी समस्याओं का समाधान करें या समाधान न होने पर उन्हें दोष दें, तो हम केवल स्वयं को छोटा कर रहे हैं। ऐसा नहीं है कि हम उन्हें किसी प्रकार का नुक़सान पहुँचा सकते हैं। वह जहाँ हैं, नुक़सान से सुरक्षित हैं। जैसे कि नेहरू, पटेल, आम्बेडकर, सुभाष और अन्य सभी दिवंगत आत्माएँ हैं।

जब सतही तौर पर गांधी पर हमला किया जाता है तब वास्तविक लक्ष्यों की पहचान करना मुश्किल नहीं है। यह विचार कि ग़ैर-हिन्दुओं को अधिकार मिलने चाहिए, ऐसा ही एक लक्ष्य है। ईसाइयों और मुसलमानों को समान अधिकार मिलने चाहिए, यह कुछ लोगों के लिए एक असहनीय विचार है। यही वजह है कि संविधान से नफ़रत की जा रही है, उसकी अवहेलना की जा रही है और उसे चुप कराने की कोशिश की जा रही है।

कुछ लोग मुसलमानों और ईसाइयों की उपस्थिति बल्कि उनके अस्तित्व से ही नाराज़ लगते हैं, और उन सिखों से भी जिन्हें हिन्दू कहे जाने पर ऐतराज होता है। जब गांधी की निन्दा की जाती है तब 'धर्मान्तरण' के बारे में बातें भी चलती रहती हैं।

धर्मान्तरण की निन्दा करते हुए गांधी जी ने हमेशा व्यक्तिगत पसन्द का बचाव किया। विचार, वाणी या विश्वास में ज़बरदस्ती करने का उनका विरोध बदमाशों के गले में अटक जाता है।

लम्बे समय से अनुपस्थित गांधी पर ग़ुस्सा अक्सर मौलिक अधिकारों पर हमलों का मुखौटा मात्र होता है। हालाँकि गांधी को किसी भी लांछना से चोट नहीं पहुँचायी जा सकती है लेकिन उससे स्वतन्त्रता , समानता और मित्रता को नुक़सान पहुँचाया जा सकता है।

यद्यपि भारत में ऐसे कई विद्वान हैं जो गांधी जी के बारे में फैलाये गये झूठों की निष्पक्ष आलोचना करने में सक्षम हैं, स्वतन्त्रता, समानता और मित्रता के अन्य समर्थक, जो आधे-अधूरे सच और झूठ की बमबारी झेलते हैं लेकिन तथ्यों की जाँच करने में असमर्थ हैं, वे यह जानने के हक़दार हैं कि गांधी कुछ प्रमुख बिन्दुओं पर कहाँ खड़े थे। इसलिए मैं तीन अलग-अलग पक्षों से उठाये गये तीन सटीक प्रश्न पूछूँगा–

- क्या अहिंसा-प्रेमी गांधी ने हिन्दुओं से यह नहीं कहा कि मुसलमानों को उन्हें और उनके परिवारों को मारने दें?
- क्या गांधी जाति उन्मूलन के विचार के विरोधी नहीं तो उसके प्रति उदासीन नहीं थे?
- वे हिन्दू सर्वोच्चता से लड़ने के लिए आख़िर कितना उत्सुक थे?

क्या अहिंसा प्रेमी गांधी ने हिन्दुओं से यह नहीं कहा था कि मुसलमानों को उन्हें और उनके परिवारों को मारने दें?

मैंने पहली बार 1991 में गांधी के ख़िलाफ़ इस आरोप को एक महिला प्रचारक, जिसे एक साध्वी कहा जाता था, की बार-बार दोहराई जाने वाली क्रोधित आवाज़ में सुना था। उन्होंने आरोप लगाया कि जिस गांधी को तैंतालीस साल पहले मार दिया गया था, वह हिन्दुओं से कह रहे थे कि मुस्लिमों से एक गाल पर थप्पड़ खाने के बाद वे दूसरा थप्पड़ खाने के लिए अपना दूसरा गाल आगे कर दें।

बेहद स्मरणीय होने के कारण यह छवि तेज़ी से फैल गयी। अब तक लगभग हर भारतीय को व्हाट्सएप पर सूचित कर दिया गया है कि गांधी चाहते थे कि हिन्दुओं के दोनों गालों पर चाँटा मारा जाये।

यदि जीसस क्राइस्ट वेदना को महसूस करने में सक्षम है, तो वे अवश्य ही शिकायत कर रहे होंगे। क्योंकि वह सोचते थे, और सारी दुनिया भी सोचती थी, कि 'दूसरा गाल आगे करने' का कॉपीरॉईट उन्हीं का है। जबकि पूरा भारत यह सोचता है कि गांधी ने इन शब्दों का आविष्कार किया।

हो सकता है कि यीशु से पहले भी किसी और ने इस प्रतिक्रिया की सिफ़ारिश की हो, लेकिन अगर हम गवाह मैथ्यू पर विश्वास करें,[2] तो यीशु ने इसे दो हज़ार साल पहले प्रस्तावित किया था। गांधी ने स्वयं यह स्वीकारा है कि पर्वत पर यीशु के उपदेश, जैसा कि मैथ्यू द्वारा दर्ज किया गया था, ने उन पर तब गहरा प्रभाव डाला जब उन्होंने लन्दन में अट्ठारह वर्षीय एक छात्र के रूप में पहली बार इसे जाना था। 'गाल' वाला विचार उस उपदेश का हिस्सा था।

इसके लगभग साठ साल बाद मई 1947 में मैथ्यू की एक और पंक्ति के बारे में गांधी की जानकारी तब सामने आयी, जब जिन्ना के साथ अपनी मुलाक़ात पर आपत्तियों का जवाब देते हुए उन्होंने कहा, 'यदि आवश्यक हुआ, तो मैं उनसे सात के सत्तर बार मिलूँगा।' मैथ्यू के रिकॉर्ड के अनुसार जब पीटर ने यीशु से पूछा कि उसे ग़लती करने वाले भाई को कितनी बार माफ़ करना चाहिए, तो उसे जवाब मिला, 'सात के सत्तर बार' (यानी अनगिनत बार)।[3]

हालाँकि, पर्वत पर उपदेश के लिए गांधी के सुनिश्चित समादर को इस टिप्पणी में बदलना कि गांधी ने हिन्दुओं को मुस्लिम हाथों से वध होने को आमन्त्रित करने के लिए कहा, पूरी तरह से शरारतपूर्ण है। ऐसे कितने भी उदाहरण दिये जा सकते हैं, जो बताते हैं कि गांधी, हिंसा के दुश्मन, समान रूप से उत्पीड़न के दुश्मन थे, चाहे वह कहीं से भी आया हो, किसी को भी उसने निशाना बनाया हो।

फ़रवरी 1908 में अड़तीस वर्षीय गांधी पर जोहांनीसबर्ग की सड़क पर मीर आलम नामक एक व्यक्ति द्वारा हमला किया गया था। उनके सबसे बड़े बेटे हरिलाल, जो उस समय बीस वर्ष के थे, ने गांधी से पूछा कि अगर वे उस समय वहाँ मौजूद होते तो उन्हें क्या करना चाहिए था? क्या उन्हें चुपचाप हमले को देखना चाहिए था? जैसा कि हरिलाल बताते हैं, गांधी का जवाब यह था कि जब तक बेटे को अपने पिता की रक्षा करने का अहिंसक तरीक़ा नहीं दिखता तो उसे बल प्रयोग करना चाहिए था।[4]

गांधी ने कई अवसरों पर इस रुख को दोहराया। मई 1924 में *यंग इंडिया* के एक महत्त्वपूर्ण लेख में उन्होंने बताया कि वह भारतीयों से खलनायाकों या 'चोरों, लुटेरों या...भारत पर आक्रमण करने वाले राष्ट्रों' का पूर्ण अहिंसा के साथ जवाब देने के लिए नहीं कह रहे थे। हालाँकि, 'स्वराज की प्राप्ति के साधन अहिंसक होने चाहिए। गांधी ने ज़ोर देकर यह भी कहा था कि हिन्दुओं, मुसलमानों, ईसाइयों, सिक्खों और पारसियों को भी हिंसा का सहारा लेकर अपने मतभेदों को नहीं सुलझाना चाहिए।' हिन्दू-मुस्लिम विवादों को मध्यस्थता या अदालतों के माध्यम से सुलझाया जाना चाहिए।

उन्होंने लिखा है–

> *दोनों समुदायों के बीच यह साझा उद्देश्य होना चाहिए कि कोई भी पक्ष क़ानून अपने हाथ में नहीं लेगा, लेकिन विवाद के सभी बिन्दु, जहाँ भी और जब भी वे उठते हैं, उनका निर्णय या तो निजी मध्यस्थता या अदालतों के माध्यम से किया जायेगा। साम्प्रदायिक मामलों में अहिंसा का पूरा मतलब यही है...*

अगर हमला किया जाता है (गांधी ने आगे कहा), तो हिन्दुओं, मुसलमानों और अन्य लोगों को अपने प्रियजनों की रक्षा के लिए लड़ना चाहिए। एक ख़रगोश का एक छोटे शिकारी कुत्ते से डर कर भागना और एक मांसल ज़ुलु का अंग्रेज़ी लड़कों के सामने झुकना कायरता के उदाहरण थे, अहिंसा के नहीं। गांधी जी ने लिखा, हिंसा के प्रति उनकी नापसन्दगी की तुलना में कायरता पर उनकी शर्म अधिक थी।[5]

नवम्बर 1924 में *यंग इंडिया* के एक लेख में गांधी ने हिंसक राष्ट्रवाद की तुलना साम्राज्यवाद से की। 'हिंसक राष्ट्रवाद, जिसे अन्यथा साम्राज्यवाद के रूप में जाना जाता है, अपने में अभिशाप है। अहिंसक राष्ट्रवाद सामूहिक या सभ्य जीवन की एक आवश्यक शर्त है।'[6]

वर्षों बाद, अक्टूबर 1947 में पाकिस्तान समर्थित हमलावरों द्वारा कश्मीर पर आक्रमण करने के बाद वहाँ भारतीय सैनिकों को भेजने के लिए गांधी जी के समर्थन ने ब्रिटिशों और अन्य यूरोपीय लोगों को आश्चर्यचकित कर दिया। उन्होंने द्वितीय विश्व युद्ध के दौरान गांधी की उस सलाह को याद किया जिसमें उन्होंने कहा था कि हिटलर का अहिंसक तरीक़े से विरोध किया जाना चाहिए। लोगों का आश्चर्यचकित होना लाजमी था। जब जनवरी 1948 में ब्रिटिश पत्रकार किंग्सले मार्टिन ने गांधी से कश्मीर में सेना भेजने के सम्बन्ध में उनके रुख के बारे में सवाल किया, तब गांधी ने केवल इतना जवाब दिया कि शेख अब्दुल्ला ने बहादुरी से कश्मीर के सभी लोगों–मुसलमानों, हिन्दुओं और सिखों का प्रतिनिधित्व किया। गांधी के उत्तर से मार्टिन सन्तुष्ट नहीं थे।[7]

सशस्त्र अन्तरराष्ट्रीय संघर्ष में अहिंसा की सलाह देना या उसका उपयोग करना एक जोखिम से भरा समाधान है। मार्टिन जैसे लोगों का गांधी की असंगति को उजागर करना सही था। जैसा कि कहा गया है, गांधी जी ने कभी भी हिन्दुओं, मुसलमानों या किसी अन्य को तब मूकदर्शक बने रहने के लिए नहीं कहा, जब उनकी उपस्थिति में असहाय व्यक्तियों पर हमला किया जाता है। *कभी नहीं*। उन्होंने कहा कि अपनी

रक्षा करनी चाहिए, यदि सम्भव हो तो अहिंसक तरीक़े से, और यदि न सम्भव हो तो हिंसक तरीक़े से भी।

उन्होंने जिस चीज़ का दृढ़तापूर्वक और लगातार विरोध किया वह था बदला लेना, नफ़रत करना, क्रूरता करना या क़ानून को अपने हाथ में लेना। अपने जीवन के अन्तिम वर्ष में कृपाण के सम्बन्ध में उनके द्वारा दिये गये दो कथनों से गांधी की स्थिति बिल्कुल स्पष्ट हो जाती है।

> ***दिल्ली, 11 सितम्बर 1947 :*** *कृपाण जबरदस्त कठिनाइयों के समक्ष अत्याचार के ख़िलाफ़ और निर्दोष महिलाओं, बच्चों, बूढ़े और विकलांगों की रक्षा के लिए एक हथियार है, यह कभी भी निहत्थे स्त्रियों और बच्चों पर प्रतिशोध में हमला करने वाला हथियार नहीं रहा।*[8]

> ***दिल्ली, 24 नवम्बर 1947 :*** *एक पवित्र चीज़ का उपयोग पवित्र और वैध अवसरों पर किया जाना चाहिए। कृपाण निस्सन्देह शक्ति का प्रतीक है, जो धारक को तभी शोभा देता है, जब वह अपने ऊपर अद्भुत संयम रखता है और भारी कठिनाइयों के विरुद्ध इसका उपयोग करता है।*[9]

चूँकि खुले तौर पर नफ़रत और क्रूरता को उचित ठहराना कठिन है, इसलिए गांधी के दुश्मनों ने उन्हें 'दूसरा गाल' सिद्धान्त के आविष्कारक के रूप में पेश किया है। वास्तव में हमारे संविधान के समान अधिकार स्तम्भ के प्रति नाराजगी ही उन्हें उकसाती रहती है। वे गांधी द्वारा निर्मित भारत की तस्वीर से भी चिढ़ते हैं। अपने जीवन के अन्त तक, गांधी जी *हिन्द स्वराज* में वर्णित अपने 1909 के शब्दों के प्रति दृढ़ता से प्रतिबद्ध रहे–

> *भारत एक राष्ट्र के रूप में इसलिए नहीं समाप्त हो जाता क्योंकि इसमें विभिन्न धर्मों के लोग रहते हैं...जो लोग राष्ट्रीयता की भावना के प्रति सचेत हैं, वे एक-दूसरे के धर्म में हस्तक्षेप नहीं करते हैं।*

> *यदि हिन्दू मानते हैं कि भारत केवल हिन्दुओं के लिए होना चाहिए, तो वे स्वप्नलोक में रह रहे हैं। हिन्दू, मुसलमान, पारसी और ईसाई, जिन्होंने भारत को अपना देश बनाया है, साथी देशवासी हैं, और उन्हें अपने हित के लिए एकता के साथ रहना होगा।*

> *दुनिया के किसी भी हिस्से में एक राष्ट्रीयता और एक धर्म पर्यायवाची शब्द नहीं हैं और न ही भारत में ऐसा कभी हुआ है...*

गांधी स्वयं इस बात को लेकर स्पष्ट थे कि चरमपन्थी उनसे क्यों नाराज़ थे। 29 मई, 1947 को दिल्ली में उन्होंने जो कहा वह इस प्रकार है–

> *जो बात उन्हें सबसे ज़्यादा चुभती है वह यह है कि मैं उन्हें मारने के लिए उकसाने के बजाय अपनी जान देने के लिए कहता रहता हूँ... मैं अपने पूरे जीवन को कभी खारिज नहीं कर सकता और मानवता के क़ानून के बजाय जंगल के कानून की वकालत कर के मैं अपने पूरे जीवन को नहीं नकार सकता...वो यह मानते हैं कि सभी मुसलमान बुरे हैं; ह्रदय से दुष्ट हैं। उनका यह भी दावा है कि सभी हिन्दू देवदूत हैं। मैं ऐसे किसी दावे को स्वीकार नहीं कर सकता।*[10]

• • •

क्या गांधी जाति उन्मूलन के विचार के विरोधी नहीं तो उसके प्रति उदासीन तो थे? हाँ, जानकार पर्यवेक्षक को लगता है कि 1920 के दशक के और 1930 के दशक के पूर्वार्द्ध के गांधी में जाति उन्मूलन के प्रति उदासीनता थी, हालाँकि यहाँ उदासीन के बजाय सावधान शब्द का प्रयोग अधिक उपयुक्त होगा।

1920 से पहले और फिर 1935 के बाद गांधी जी खुले तौर पर क्रान्तिकारी थे। 1907 में दक्षिण अफ्रीका से लिखते हुए उन्होंने राजकोट स्थित अपने बड़े भाई लक्ष्मीदास से कहा था कि यदि आवश्यक हुआ तो वह अपने बेटों के लिए अपनी जाति के बाहर से दुल्हनें ढूँढ़ेंगे।[11] 1907 में, राजकोट और भारत के अधिकांश हिस्सों के लोगों के लिए यह एक बेतुका क्रान्तिकारी विचार था।

1915 में गांधी जी के भारत लौटने के बाद जब कस्तूरबा ने कहा कि वह अहमदाबाद में अपने नये आश्रम में उनके द्वारा अपनाये गये अछूत परिवार के साथ नहीं रह सकतीं, तब गांधी जी ने उनसे कहा कि वे आश्रम छोड़ने के लिए स्वतन्त्र हैं। कस्तूरबा ने ऐसा नहीं किया और बाद में वे उस परिवार से काफ़ी जुड़ गयीं।

अप्रैल, 1918 में गांधी जी ने घोषणा की कि स्वतन्त्रता के लिए भारत की योग्यता अस्पृश्यता को दूर करने पर निर्भर करती है। उन्होंने लिखा, 'अगर ग़ुलामों के मालिकों को योग्य कहा जा सकता है, तो शायद हम योग्य हैं।' अछूतों के साथ व्यवहार पर केन्द्रित गुजराती कविताओं के संग्रह की प्रस्तावना में गांधी ने कहा कि कविताओं की छवियाँ पाठक के अस्तित्व को जड़ों तक हिला देती हैं।' गांधी चाहते थे कि वे कविताएँ उनके घरों के पास सार्वजनिक चौराहों पर 'लाखों पुरुषों और महिलाओं द्वारा पढ़ी जायें।'[12]

यहाँ तक कि 2022 में एक सदी से भी अधिक समय बाद व्यवस्था वाले समाज के कुछ प्रेमी शायद गांधी के इस प्रस्ताव पर आपत्ति जतायेंगे कि दलितों के साथ भयावह व्यवहार का वर्णन करने वाली कविताएँ भारत के सार्वजनिक चौराहों पर पढ़ी जानी चाहिए।

सन् 1920 में एक और क्रान्तिकारी क़दम के तहत गांधी ने अपने राजनीतिक एजेंडे में अस्पृश्यता निवारण को शामिल करने के लिए भारतीय राष्ट्रीय कांग्रेस पर सफलतापूर्वक दबाव डाला। हालाँकि, उन्होंने सीधे तौर पर जाति उन्मूलन की माँग करने से परहेज़ किया। क्यों? एक कारण स्पष्ट है : स्वतन्त्रता के लिए भारतीय राष्ट्रीय कांग्रेस के नेतृत्व वाला राष्ट्रीय आन्दोलन लगभग पूरी तरह से सवर्ण हिन्दू भागीदारी पर निर्भर था।

नेहरू को गांधी ने अपनी रणनीति समझायी : 'वर्तमान (जाति) व्यवस्था बहुत बुरी है और इसे ख़त्म होना चाहिए। मैं अस्पृश्यता से लड़कर इसे पूरी तरह से कमज़ोर कर रहा हूँ...अगर अस्पृश्यता ख़त्म होती है, तो जाति व्यवस्था का अपने आप अन्त हो जायेगा।'[13]

फिर भी इस तरह के रणनीतिक विचारों के साथ गांधी यह मानने को तैयार नहीं थे कि प्राचीन हिन्दुओं–उनके पूर्वजों–ने जाति व्यवस्था की बदसूरत गुणों, मुख्यत: पदानुक्रम और अलगाव को स्वीकार कर लिया था। भारत के अतीत में एक महान समाज की कल्पना करते हुए गांधी ख़ुद को समझाते दिखे कि अपने मूल रूप में जाति व्यवस्था एक ग़ैर-पदानुक्रमित और सम्भवत: श्रम का प्रभावी विभाजन था।

यहीं पर आम्बेडकर ने अपने 1936 के क्लासिक पुस्तक 'जाति भेद का समूल नाश' (एनिहिलेशन ऑफ़ कास्ट) में गांधी जी को निर्दयतापूर्वक और सफलतापूर्वक चुनौती दी थी। यहाँ मुझे स्पष्ट रूप से यह जोड़ना होगा कि भारत के सामाजिक, धार्मिक और राजनीतिक इतिहास को समझने की इच्छा रखने वाले किसी भी व्यक्ति को 1930 के दशक की गांधी-आम्बेडकर की बहस के दोनों पक्षों का अध्ययन करना चाहिए।

मैं जिस प्रश्न का उत्तर देने का प्रयास कर रहा हूँ, उस पर लौटते हुए कहा जा सकता है कि नवम्बर 1935 तक यानी 'एनिहिलेशन ऑफ़ कास्ट' के सामने आने से कुछ महीने पहले, गांधी ने स्पष्ट रूप से और खुले तौर पर अपना रास्ता बदल लिया था। एक साल तक चले देशव्यापी अस्पृश्यता विरोधी अभियान ने उनके सामने जाति के रुढ़िवादी और कट्टर चरित्र की पुष्टि कर दी थी। 1934

में 'शुद्धता' के समर्थकों द्वारा उन्हें मारने के दो प्रयास किये गये–एक बिहार में, दूसरा पुणे में।

16 नवम्बर, 1935 को 'हरिजन' में उनके द्वारा लिखे गये एक लेख का शीर्षक था 'जाति को जाना होगा', जहाँ उन्होंने 'जाति को नष्ट करने' (उनके शब्द) के सर्वोत्तम तरीक़े पर चर्चा की और खुले तौर पर अन्तर्जातीय-भोजन और अन्तरजातीय शादी पर प्रतिबन्ध को समाप्त करने के लिए कहा। लेख में 'वर्तमान जाति व्यवस्था' का ज़िक्र करते हुए कहा गया कि, 'जितनी जल्दी जनमत इसे ख़त्म करेगा, उतना बेहतर होगा।'

जैसे-जैसे आज़ादी नज़दीक आती गयी, गांधी जी अपने क्रान्तिकारी पक्ष को हावी होने देने के लिए मुक्त महसूस करने लगे। उन्होंने अपने लिए एक कठोर नियम निर्धारित किया–वह किसी शादी में केवल तभी शामिल होने पर विचार करेंगे, जब यह किसी दलित और किसी सवर्ण जाति के बीच हो।[14] 1940 के दशक में वर्धा के पास उनके सेवाग्राम आश्रम में ऐसी शादियाँ होती थीं।

अपनी लम्बी यात्रा में भारत ने कई उतार-चढ़ाव देखे हैं, लेकिन बहुत कम उतार-चढ़ाव इस तथ्य से मेल खा सकते हैं कि 1940 के दशक के अन्त में एक 'अछूत', पीढ़ियों से दुर्व्यवहार झलने वाले लोगों के उत्पीड़ित वंशज, ने स्वतन्त्र भारत के संविधान के निर्माण का मार्गदर्शन किया। हालाँकि वे नेहरू और पटेल ही थे जिन्होंने औपचारिक रूप से आम्बेडकर को स्वतन्त्र भारत की पहली कैबिनेट में शामिल होने के लिए आमन्त्रित किया था और वे ही आम्बेडकर को प्रारूप समिति की अध्यक्षता करने के लिए कहने वाले संविधान सभा के फ़ैसले के पीछे भी थे, लेकिन इस बदलाव में गांधी की भूमिका के भी पर्याप्त सबूत हैं।[15]

आम्बेडकर के साथ गांधी की सीधी और आनुषंगिक बातचीत के अलावा (जिस पर मेरे द्वारा *मोहनदास, अंडरस्टैंडिंग द फाउंडिंग फ़ादर्स* और अन्य जगहों पर बहुत कुछ लिखा गया है), हमें यह उल्लेख करना चाहिए कि आम्बेडकर ने 1944 की गांधी-जिन्ना वार्ता में भी परोक्ष भूमिका निभायी थी। ऐसा उन्होंने अपनी 1941 की पुस्तक *थॉट्स ऑन पाकिस्तान* के माध्यम से किया। ज़ाहिर तौर पर गांधी और जिन्ना दोनों ने 1944 की अपनी–बम्बई वार्ता के दौरान आम्बेडकर की पुस्तक का हवाला दिया था।[16] आम्बेडकर की असाधारण प्रतिभा के बारे में गांधी की वाक़िफ़ियत को बम्बई में स्पष्ट रूप से रेखांकित किया गया था।

1947 के बाद से गांधी, नेहरू और पटेल के साथ आम्बेडकर की साझेदारी, अन्य बातों के अलावा यह दर्शाती है कि जाति के कठिन सवाल पर–जो सामाजिक

और राजनीतिक रूप से कठिन था–ये नेता विभाजित नहीं अधिक एकजुट थे। जैसे ही देश ने राजनीतिक दासता को त्याग दिया, इसने, चाहे पूरे दिल से हो या नहीं, एक सामाजिक क्रान्ति की भी माँग की।

हमारे संविधान के अनुच्छेद 17 में लिखा है : 'छुआछूत' को समाप्त कर दिया गया है और किसी भी रूप में इसका व्यवहार निषिद्ध है। 'अस्पृश्यता' से उत्पन्न किसी भी वंचना को लागू करना क़ानून के अनुसार दण्डनीय अपराध होगा।' जब 29 नवम्बर, 1948 को संविधान सभा में बहस हुई और उसे पारित किया गया, तो अस्पृश्यता उन्मूलन पर मसौदा अनुच्छेद की संख्या 11 थी। बाद में इसे अनुच्छेद 17 के रूप में पुन: क्रमांकित किया गया।

इस अनुच्छेद पर संविधान सभा की चर्चा के रिकॉर्ड के निम्नलिखित अंश गांधी और सामाजिक न्याय के बारे में प्रश्न का उत्तर देने के लिए प्रासंगिक हो सकते हैं।

बहस खण्ड 7, 29 नवम्बर 1948, प्रतिलेख से

श्री एस. नागप्पा (मद्रास : सामान्य) : महोदय, यह खण्ड समग्र रूप से स्वतन्त्रता देता है, विशेषकर उस वर्ग को जिसके लिए (यह) अभिप्रेत है...(ए) यह महात्मा गांधी के नेतृत्व में चले कठिन परिश्रम और संघर्ष का परिणाम है, देश राजनीतिक रूप से स्वतन्त्र हो गया है। लेकिन जनसंख्या का यह विशेष वर्ग दोगुना स्वतन्त्र है, इस मायने में कि यह न केवल राजनीतिक रूप से स्वतन्त्र है, बल्कि यह सामाजिक रूप से भी स्वतन्त्र है...

सरदार भोपिन्दर सिंह मान (पूर्वी पंजाब : सिक्ख) : राष्ट्रपिता की सबसे बड़ी उपलब्धि अछूतों के लिए मन्दिरों के द्वार खुलवाना थी। आज हमें उन अपेक्षाओं को पूरा करना बाक़ी है...

डॉ. मोनोमोहन दास (पश्चिम बंगाल : सामान्य) : इस नये युग की दहलीज़ पर खड़े होकर, कम-से-कम हमारे लिए, अछूतों के लिए, मैं हमारे राष्ट्रपिता महात्मा गांधी के शब्दों को स्पष्ट रूप से सुनता हूँ जो व्यथित हृदय से निकले थे... गांधी जी ने कहा था, 'मैं पुनर्जन्म लेना नहीं चाहता हूँ, लेकिन अगर मेरा पुनर्जन्म होता है, तो मेरी इच्छा है कि मैं हरिजन के रूप में, अछूत के रूप में जन्म लूँ, ताकि मैं निरन्तर संघर्ष कर सकूँ। इस वर्ग के लोगों पर होने वाले अत्याचारों और अपमानों के ख़िलाफ़ जीवन भर संघर्ष कर सकूँ।' उन्होंने यह भी कहा, 'अगर भारत की आबादी का पाँचवाँ हिस्सा हमेशा के लिए अधीन रखा जायेगा तो स्वराज शब्द हमारे लिए अर्थहीन होगा।' महात्मा गांधी अब हमारे बीच नहीं रहे। यदि वे आज

जीवित होते तो पृथ्वी पर कोई भी प्राणी उनसे अधिक प्रसन्न, अधिक सुखी, अधिक सन्तुष्ट नहीं होता।

श्रीमती दक्षियानि वेलायुधन (मद्रास : सामान्य) : जब मैं कॉलेज में छात्र थी, मेरे एक सहपाठी ने अस्पृश्यता उन्मूलन के लिए एक कोष की सदस्यता लेने के लिए मुझसे सम्पर्क किया। मेरा जवाब था, 'इसके लिए आप लोग ज़िम्मेदार हैं और इसलिए पैसे जुटाना आपका काम है और यह उचित नहीं है कि आप पैसे माँगें।' यहाँ तक कि अपने बचपन से ही अस्पृश्यता का विचार ही मेरे भीतर विद्रोह भर देता था। यहाँ तक कि स्कूलों जैसे सार्वजनिक स्थानों पर भी, जब भी कोई चाय पार्टी या उस तरह का कोई कार्यक्रम होता था, तो अस्पृश्यता देखी जाती थी...मैं हमेशा उन कार्यों में असहयोग करती थी। आज हम लोगों में जो हृदय परिवर्तन देखते हैं, वह केवल महात्मा गांधी और अकेले उनके द्वारा किये गये कार्यों के कारण है। हम पाते हैं कि आज अछूतों के प्रति लोगों के दृष्टिकोण और रवैये में व्यापक बदलाव आया है...

उपाध्यक्ष महोदय : मैं अब अनुच्छेद संख्या 11 पर प्रकाश डालता हूँ। प्रश्न यह है कि 'अनुच्छेद 11 अब संविधान का हिस्सा है।' प्रस्ताव स्वीकृत हुआ। संविधान में अनुच्छेद 11 जोड़ा गया।

माननीय सदस्यगण : महात्मा गांधी की जय।

• • •

हिन्दू वर्चस्व से लड़ने के लिए गांधी कितने उत्सुक थे?

उन पर सौ साल पहले शुरू हुए और आज तक जारी रहने वाले श्रेष्ठवादियों के क्रूर हमलों से बाहर निकलकर इस प्रश्न का समाधान होना चाहिए भले ही कुछ समय के लिए उपमहाद्वीप के कई मुसलमानों, कुछ ईसाइयों और सिक्खों द्वारा गांधी को 'मूलत: हिन्दू' के रूप में देखा गया था। एक हिन्दू-बहुसंख्यक राष्ट्र को स्वतन्त्रता और एकता की ओर ले जाने की कोशिश करने वाले व्यक्ति के रूप में गांधी को एक वफ़ादार हिन्दू बनना ही पड़ा। जो सौभाग्य से वे थे, बावजूद इसके वे हिन्दू धर्म के नाम पर होने वाली क्रूरताओं से पीड़ित थे। उन्होंने 1924 में दावा किया था, 'मेरे अस्तित्व का रेशा-रेशा हिन्दू है।'[17]

गांधी भाग्यशाली थे कि उन्हें हिन्दू और मुस्लिम सहयोगियों की एक उल्लेखनीय रूप से प्रतिभाशाली टीम मिली थी। आइए, संक्षेप में 1924 पर ध्यान केन्द्रित करें यानी आज से लगभग सौ वर्ष पहले। तब तक 1920 के दशक की असाधारण हिन्दू-मुस्लिम-सिक्ख साझेदारी टूट चुकी थी। गांधी को उस समय इलाहाबाद के

जवाहरलाल नेहरू, जो तब पैंतीस वर्ष के थे, और उस समय के ज्यादा प्रसिद्ध व्यक्ति मोतीलाल नेहरू के पुत्र थे, की क्षमता को समझने का मौक़ा मिला।

1924 में राष्ट्रीय आन्दोलन की अग्रिम पंक्ति में हम गुजरात के वल्लभभाई पटेल, बंगाल के चित्तरंजन दास, अबुल कलाम आज़ाद और सुभाषचन्द्र बोस (जो केवल सत्ताईस वर्ष के थे), दिल्ली के एम.ए. अंसारी, बंगाल और हैदराबाद की सरोजिनी नायडू, मद्रास के चक्रवर्ती राजगोपालचारी, और बिहार के राजेन्द्र प्रसाद जैसी कुछ उत्कृष्ट हस्तियों को चिह्नित कर सकते हैं।

1924 तक 'दो राष्ट्र' की मान्यता, जिसे अभी तक किसी भी पक्ष द्वारा 'सिद्धान्त' के रूप में व्यक्त नहीं किया गया था, ने कई प्रतिभाशाली हिन्दू और मुसलमानों के दिमाग़ पर क़ब्ज़ा कर लिया था। इस तरह के विश्वास को परिश्रमपूर्वक बढ़ावा देते हुए, असहयोग आन्दोलन से हिले हुए और जलियाँवाला द्वारा शर्मिन्दा ब्रिटिश साम्राज्य ने अपना आत्मविश्वास पुन: प्राप्त कर लिया था और अपनी विशाल भारतीय सम्पत्ति पर शासन के नये दशकों की प्रतीक्षा कर रहा था। इसका नुस्खा आजमाया हुआ था : ब्रिटिश-हिन्दू और ब्रिटिश-मुस्लिम सहयोग को मज़बूत करें, हिन्दू-मुस्लिम सम्बन्धों को कमज़ोर करें।

कुछ घटनाओं से साम्राज्य का हौसला बढ़ा। 1923 में प्रकाशित, सावरकर का निबन्ध, 'हिन्दू कौन है?' यह आरोप लगाते हुए कि केवल वे ही देशभक्त हो सकते हैं जो भारत को पितृभूमि और पवित्र भूमि दोनों मानते हैं, उन्होंने मुसलमानों और ईसाइयों को हिन्दुओं की नज़र में राष्ट्र-विरोधी बनाने की कोशिश की। उत्तेजक मुस्लिम पर्चे सावरकर के शुद्धतावाद और अलगाववाद से मेल खाते थे।

माफ़ीनामा लिखने के बाद ब्रिटिश राज द्वारा रिहा किये गये सावरकर, जो पहले एक उग्र राष्ट्रवादी थे, को हिन्दू आबादी के कुछ हिस्सों में, विशेष रूप से महाराष्ट्र में ब्राह्मणों के बीच प्रबल समर्थन मिला। 1925 में राष्ट्रीय स्वयंसेवक संघ (आरएसएस) की स्थापना की गयी। हालाँकि, महाराष्ट्र के कुछ समर्पित ब्राह्मण भी थे, जिन्होंने गांधी की सोच को साझा किया, विनोबा भावे उनमें से सबसे प्रसिद्ध थे।

सितम्बर, 1924 के अन्त में उत्तर प्रदेश के अमेठी, दक्षिण के गुलबर्गा और उत्तर पश्चिम सीमान्त प्रान्त के कोहाट में हिन्दू-मुस्लिम दंगे होने के बाद गांधी हिन्दू-मुस्लिम एकता के लिए इक्कीस दिन के उपवास पर चले गये। जिस स्थान पर वे उस समय ठहरे थे, वह पश्चिमी उत्तर प्रदेश के ऑक्सफ़ोर्ड से शिक्षित मौलाना मुहम्मद अली का दिल्ली स्थित घर था।

1919 से गांधी जी के सबसे क़रीबी सहयोगियों में से एक, मुहम्मद अली अब सोचने लगे थे कि उनका भविष्य गांधी जी के साथ है या पूरी तरह से मुस्लिम एजेंडे

के साथ? इसी तरह, स्वामी श्रद्धानन्द और लाला लाजपत राय, प्रमुख पंजाबी हिन्दू, जो 1919 से गांधी जी के साथ जुड़े थे, ख़ुद से पूछ रहे थे कि क्या उनका भविष्य गांधी जी के साथ होगा या पूरी तरह से हिन्दू एजेंडे के साथ।

जवाहरलाल उन दर्जनों नेताओं और सहकर्मियों में से एक थे जो उपवास कर रहे गांधी का साथ देने दिल्ली आये थे। गांधी ने जवाहरलाल में उन गुणों का संयोजन देखा जो बहुत कम लोगों के पास थे। जिनमें हिन्दू-मुस्लिम एकता और स्वतन्त्रता के लिए एक जुनून (गांधी के अपने से मेल खाता हुआ), वाणी और लेखनी से वाक्पटुता, असीमित ऊर्जा, भारत से परे विश्व की घटनाओं के बारे में जागरूकता और युवा भारत के साथ जुड़ाव शामिल था।

1924 के उपवास और उसकी प्रतिक्रिया ने राष्ट्रीय मनोबल को बहाल किया। जब जवाहरलाल और अन्य लोग गांधी के बगल में मुहम्मद अली के घर पहुँचे थे, उनमें विनोबा भी शामिल थे। उपवास टूटने पर गांधी के अनुरोध पर विनोबा ने उपनिषद् की एक कविता का पाठ किया था। गांधी साम्राज्य के ख़िलाफ़ अपनी अन्य सम्बद्ध लड़ाइयाँ जैसे, हिन्दू-मुस्लिम एकता और अस्पृश्यता के उन्मूलन के लिए फिर से तैयार थे।

अनशन समाप्त होने के एक महीने बाद गांधी जी ने जवाहरलाल को 'हिन्दू-मुस्लिम उड़नदस्ता' के गठन का प्रस्ताव दिया जो तुरन्त किसी भी दंगा क्षेत्र में पहुँच जायेगा और जाँच करेगा। उन्होंने इलाहाबाद के मोहल्लों में 'निचले स्तर से' हिन्दू-मुस्लिम एकता बनाने की मोतीलाल नेहरू की योजना का भी स्वागत किया।[18]

उस उपवास के दौरान गांधी जी ने अपने आपको, अपने सपनों को, अपनी सफलताओं और असफलताओं को स्पष्ट रूप से देखा। उन्होंने *यंग इंडिया* में लिखा, 'आदमी कुछ भी नहीं है।' 'नेपोलियन ने बहुत योजना बनायी और ख़ुद को सेंट हेलेना में क़ैदी के रूप में पाया। शक्तिशाली कैसर यूरोप का ताज चाहता था लेकिन वह एक सामान्य व्यक्ति ही रह गया। भगवान ने यही चाहा था। आइए, हम ऐसे उदाहरणों पर विचार करें और विनम्र बनें।'

उन्होंने आगे कहा, 'अनुग्रह, सौभाग्य और शान्ति के इन दिनों के दौरान मैंने ख़ुद के लिए एक भजन गुनगुनाया है, जो हम अक्सर सत्याग्रह आश्रम में गाते हैं, 'रघुवर तुम को मेरी लाज।' तुलसीदास के प्रार्थना गीत का 'यंग इंडिया' में गांधी जी के अनुवाद में ये पंक्तियाँ शामिल थीं : 'हे भगवान, मेरा सम्मान आपके संरक्षण में है। तू सदैव मेरा आश्रय है, क्योंकि तू निर्बलों का रक्षक है।'[19]

वह जनरल, जिसने किसी भी मोर्चे पर हार स्वीकार करने से इनकार कर दिया था, उसे भी अन्य लोगों की तरह, एक पैदल सेनानी जैसे दैवीय शक्ति की

आवश्यकता थी। किसी भी स्थिति में, उपवास के बाद जो हुआ वह राष्ट्रीय आन्दोलन को बढ़ावा देने वाला था।

अनशन के बाद चार साल से भी कम समय में भारत ने 1928 में बारडोली के किसानों का विजयी सत्याग्रह देखा, जिसे पटेल ने आयोजित किया था, और उसके दो साल बाद 1930 का 'नमक आन्दोलन' देखा, जिसने देश भर में अहिंसक विद्रोहों का एक आश्चर्यजनक क्रम शुरू किया, जिसमें उत्तर पश्चिम सीमान्त प्रान्त भी शामिल था। इसने साम्राज्य की जड़ों को हिलाकर रख दिया। इसके बाद गांधी जी ने भारत छोड़ो का आह्वान किया, जिसने साम्राज्य को ख़त्म कर दिया और साथ ही हिन्दू अलगाववाद को भी हाशिये पर धकेल दिया।

द्वितीय विश्व युद्ध की शुरुआत के एक साल बाद एआईसीसी की बैठक में में दिये गये एक भाषण में धर्म और धर्मनिरपेक्षता पर गांधी का रुख सामने आया। सितम्बर, 1940 में गांधी ने कहा, 'लन्दन के सेंट पॉल कैथेड्रल को नुकसान पहुँचाने पर मुझे दुःख होता है। मुझे उतना ही दुःख हुआ जितना मुझे दुःख होता अगर मैं सुनता कि काशी विश्वनाथ मन्दिर या दिल्ली की जामा मस्जिद को नुक़सान पहुँचा है। मैं काशी विश्वनाथ मन्दिर और जामा मस्जिद और यहाँ तक कि सेंट पॉल की जीवन भर रक्षा करना चाहूँगा।'[20]

हालाँकि, राष्ट्रीय आन्दोलन के इतिहास में हिन्दू-मुस्लिम एकजुटता बनाये रखना निरन्तर एक चुनौती बनी रही। अन्ततः विभाजन आज़ादी का जुड़वाँ भाई बन गया। इस किताब के अन्य अध्याय उस कहानी के अंश हैं, लेकिन 10 जून 1947 की एक घटना इस बात की एक और तस्वीर पेश करती है कि कैसे गांधी एक समावेशी राष्ट्रवाद से नाराज़ हिन्दुओं से संवाद कर रहे थे।

अब तक बँटवारा स्वीकार हो चुका था। हिन्दू महासभा से जुड़े दो युवक दिल्ली में गांधी से मिले। गांधी सुबह की सैर ले रहे थे। युवकों ने गांधी से कहा आप कोई महात्मा नहीं हैं। सहमत होते हुए गांधी ने कहा : 'आपके सवाल उठाने से बहुत पहले ही मैंने महात्मा की उपाधि को अस्वीकार कर दिया था। लेकिन हो सकता है कि मेरे बारे में अपनी चिन्ता के कारण आप को मुझे निगरानी में रखना ज़रूरी लगे।' इस जबरदस्त उत्तर के बाद गांधी जी ने उन युवकों को रचनात्मक मार्ग की ओर इशारा किया। उन्होंने कहा, 'हम पुराने नेता पतझड़ के पत्तों की तरह हैं। आप अपने पूरे दिल और आत्मा से ख़ुद को रचनात्मक कार्यों में झोंक सकते हैं।'

जब उन युवकों ने कहा कि वह मुस्लिम दुष्कर्मों का बदला लेना चाहता है, तो गांधी ने उनसे कहा : 'यदि आप लड़ने में विश्वास करते हैं तो वहाँ जायें और

पाकिस्तानियों से लड़ें। भारत में रहने वाले मुसलमानों पर कायरतापूर्ण प्रतिशोध में कौन-सी बहादुरी है?'[21]

दूसरे दिन सुबह राजेन्द्र प्रसाद ने वाल्मीकि कॉलोनी की झोंपड़ी में गांधी से मुलाक़ात की। इस समय राजेन्द्र प्रसाद अन्तरिम सरकार में खाद्य व कृषि मन्त्री और संविधान सभा के अध्यक्ष थे।

गांधी ने उन्हें युवकों के साथ अपनी बातचीत के बारे में बताया और कहा:

> *हमें चेतावनी को समझना चाहिए...अगर मैं ख़ुद समय निकाल सका तो पूरे देश का दौरा करूँगा और युवाओं के बीच एक नया आन्दोलन शुरू करूँगा। अपने निधन से पहले हमें अपने सपनों का भारत बनाने के लिए युवा लोगों को प्रशिक्षित करना चाहिए, जैसे हमने उन्हें पहले स्वतन्त्रता संग्राम के अहिंसक सैनिकों के रूप में प्रशिक्षित किया था... इसके लिए कम-से-कम शीर्षस्थ के नेताओं के एक हिस्से को सरकार से बाहर रहना चाहिए।*[22]

परेशान करने वाली प्रवृत्तियों को पहचानते हुए गांधी देश के सर्वश्रेष्ठ नेताओं से इस पर अच्छी तरह ध्यान देने की माँग कर रहे थे। हालाँकि, मन्त्री मण्डल की भूमिकाएँ उनकी ऊर्जा सोख ले रही थीं।

गौरतलब है कि एक बार फिर 16 अगस्त (आज़ादी के अगले दिन) को कलकत्ता में एक साक्षात्कार में गांधी ने कहा कि नए भारत में 'राज्य को निस्सन्देह धर्मनिरपेक्ष होना चाहिए।' उन्होंने आगे कहा कि 'वह कभी भी सार्वजनिक धन से साम्प्रदायिक शिक्षा को बढ़ावा नहीं दे सकता।'[23]

दिल्ली वापस आने के कुछ समय बाद (पंजाब के दोनों हिस्सों का दौरा करने की अधूरी आशा में), गांधी जी ने 'हरिजन' में एक लेख लिखने के लिए समय निकाला। इस लेख में उन्होंने भविष्यवाणी की कि भविष्य में 'इतिहास को फिर से लिखने' और 'मुस्लिम काल को मिटाने' के प्रयास देखने को मिल सकते हैं और हम यह भी भूल सकते हैं कि दिल्ली में एक शक्तिशाली जामा मस्जिद थी या अलीगढ़ में एक मुस्लिम विश्वविद्यालय था या आगरा में ताज (महल) था।[24]

गांधी ने ये बातें आज से पचहत्तर साल पहले लिखी थीं!

इसे लिखने के तुरन्त बाद गांधी ने एआईसीसी से फिर कहलवाया कि वे सभी के लिए समान अधिकारों वाले भारत के प्रति प्रतिबद्धा हैं। हालाँकि उन्हें कुछ कांग्रेसियों की अनिच्छा और यहाँ तक कि प्रतिरोध का भी सामना करना पड़ा। उन्होंने एक क्रान्तिकारी विचार को भी निजी अभिव्यक्ति दी।

कांग्रेस के लिए सबसे अच्छी बात यह होगी कि वह ख़ुद को भंग कर दे... इसके स्वैच्छिक परिसमापन से देश का राजनीतिक माहौल मज़बूत और शुद्ध हो जायेगा।[25]

यह नवम्बर 1947 की बात है। अपने जीवन की अन्तिम सुबह को भी गांधी जी ने 'राजनीतिक माहौल' को सम्बोधित करने का प्रयास किया था। प्रथम प्रहर में उठकर (जो उनका दैनिक अभ्यास था), उन्होंने कांग्रेस के लिए एक मसौदा प्रस्ताव पर कुछ घण्टों तक काम किया, जिसे उन्होंने पिछले दिन लिखना शुरू कर दिया था, और सुबह छह बजे इसे अपने विश्वासपात्र सचिव प्यारेलाल को देते हुए उनसे कहा कि 'कुछ रह गया हो तो जोड़ देना।'

मसौदे में कहा गया कि भारत की राजनीतिक स्वतन्त्रता के साथ इसकी भूमिका पूरी हो गयी, कांग्रेस को ख़ुद को भंग करने और भारत की 'सामाजिक, नैतिक और आर्थिक स्वतन्त्रता' के लिए काम करने वाली एक संस्था के रूप में विकसित होने के लिए तैयार रहना चाहिए। नया संगठन (जिसके लिए गांधी ने एक नाम सोचा था, लोक सेवक संघ या पीपुल्स सर्वेंट्स एसोसिएशन) भारत के हर गाँव में अशिक्षा, अस्वच्छता और ख़राब स्वास्थ्य, बेरोजगारी, अस्पृश्यता और साम्प्रदायिक असहिष्णुता से निपटेगा। कांग्रेस में जो लोग राजनीति के बिना रहने में असमर्थ हैं, वे किसी भी मौजूदा वामपन्थी, दक्षिणपन्थी या मध्यमार्गी पार्टी में शामिल होने या एक नयी पार्टी शुरू करने के लिए स्वतन्त्र होंगे।

बाक़ी बची कांग्रेस के लिए, जैसा कि गांधी जी को उम्मीद थी, इसका मूल-मुख्य कार्य उनके मसविद में बताई गयी पाँच चुनौतियों से निपटना होगा। हम कह सकते हैं कि 'साम्प्रदायिक असहिष्णुता' इन पाँच में से एक थी।

इसलिए ऐसा प्रतीत होता है कि गांधी ने कांग्रेस के 'विघटन' को साम्प्रदायिक असहिष्णुता को ख़त्म करने और असमानताओं को कम करने के लिए एक ज़मीनी स्तर के आन्दोलन की शुरुआत के रूप में देखा।

दिलचस्प बात है कि इस मसौदे में गांधी द्वारा 'सैन्य शक्ति पर नागरिक शक्ति के प्रभुत्व के लिए संघर्ष' की सम्भावना को ध्यान में रखते हुए लोक सेवक के लिए कई प्रतिबद्धताएँ भी बताई गयीं। इनमें 'सभी धर्मों के लिए समान सम्मान और आदर', 'सभी के लिए अवसर और हैसियत की समानता और हर किसी को मतदाता सूची में शामिल करने की गारंटी निहित थी।'[26]

इस प्रकार हिन्दू श्रेष्ठता का दूरदर्शी दुश्मन अपने अन्त तक ज़मीनी बना रहा।

यहाँ से हम कहाँ जायेंगे?

भारत की अहमियत दो बुनियादी वजहों से है। पहला, विश्व जनसंख्या का छठे हिस्से से अधिक भारत में रहता है। दूसरा, एक-दूसरे पर निर्भर होने के कारण भारत में जो होता है, उसका प्रभाव अन्य पाँच हिस्सों पर भी पड़ता है। 'दुनिया का सबसे बड़ा लोकतन्त्र' शब्द लगातार सुनते या दोहराते हुए हम भूल गये हैं कि उसका मतलब क्या है। उसका तात्पर्य यह है कि यदि हम भारत में लोकतन्त्र को ख़त्म होने देंगे, तो अफ्रीका से अलास्का तक, ब्राजील से चीन तक, हर जगह शहरों और गाँवों में रहने वाली आत्माएँ निराश हो जायेंगी।

बीसवीं सदी में दुनिया भर के अख़बार लोकतान्त्रिक भारत को एक उम्मीद जगाने वाला चमत्कार बताते थे। उच्च स्तर की अशिक्षा और ग़रीबी और धर्मों, जातियों और भाषाओं की आश्चर्यजनक विविधता और आन्तरिक संघर्ष के इतिहास वाला एक घनी आबादी का देश एक लोकतान्त्रिक राजनीति के साथ कार्य कर रहा था और स्वतन्त्रता, समानता और पारस्परिक मित्रता का समाज बनने की कोशिश कर रहा था!

हालाँकि, आज भारतीय राज्य उन परिश्रमी नेताओं और समर्पित संगठनों के हाथों में है जिनकी पहली प्रतिबद्धता लोकतन्त्र या समानता के प्रति नहीं है। हिन्दू राष्ट्रवाद अतीत की महान कथाओं का स्मरण दिला सकता है। यह एक हज़ार साल पहले हुई कथित ग़लतियों का बदला लेने के लिए जुनून पैदा कर सकता है। लेकिन यह कभी भी मुस्लिम, ईसाई, सिख या बौद्ध को समानता की अनुमति नहीं देगा। जब तक वे यह नहीं कहते कि वे वास्तव में हिन्दू हैं और कि उनके 'हिन्दूपन' के सामने इस्लाम, ईसाई, सिक्ख या बौद्ध धर्म गौण है। जो उनमें से अधिकांश कभी नहीं कहेंगे कि वे हिन्दू हैं, दबाव में भी नहीं।

यदि हिन्दू राष्ट्रवाद हिन्दू संसार के बाहर के लोगों के लिए किसी समानता की अनुमति नहीं देता है, तो अपने संसार के भीतर यह केवल रणनीतिक समानता की अनुमति देता है, वास्तविक समानता की नहीं। ऊँची जाति, नीची जाति और बहिष्कृत

जाति का वायरस हमारे अतीत की एक जिद्दी विरासत है। हालाँकि, अपने हृदय में निहित अन्याय के बावजूद हिन्दू राष्ट्रवाद के पास विशाल संसाधन हैं। इसके पास राज्य की शक्ति, सड़क पर प्रदर्शन की शक्ति और धन शक्ति है, और ये मीडिया के बड़े हिस्से को नियन्त्रित करता है।

इन परिस्थितियों में भारतीय लोकतन्त्र के पुनर्निर्माण की परियोजना तीस मार ख़ाँ की बातों जैसी लगती है। भारत में हिन्दू राष्ट्रवाद पर काबू पाना सम्भवत: उतना ही कठिन इन्तहान होगा, जितना तुर्की और ईरान जैसे देशों में इस्लामी राष्ट्रवाद पर काबू पाना या शायद और भी कठिन। चुनौती सम्भवत: राजनीतिक नेताओं की क्षमता से परे है, चाहे वे कितने भी प्रतिभाशाली क्यों न हों या फिर पार्टियों ही, चाहे कितनी भी बड़ी क्यों न हों।

इस प्रकार गेंद अब भारतीय जनता के पाले में है, जिसे अक्सर कम आँका जाता है। जब घटनाएँ अवसर उत्पन्न करेंगी तो लोग अपनी पसन्द के समय पर कार्य करेंगे या प्रतिक्रिया देंगे। कभी-कभी चुनाव अवसर प्रदान कर सकते हैं, और ऐसे क्षण भी आ सकते हैं, जब हमारे लोग खुले तौर पर या ख़ामोशी से बदलाव का बटन दबादेंगे।

हालाँकि, हम भारत के अनुभव और ईरान और तुर्की सहित अन्य देशों के अनुभव से जानते हैं कि चुनाव एक कठिन मामला है। यदि भारी धन-सम्पदा से लैस और 'राष्ट्रीय धर्म' का प्रतिनिधित्व करने का दावा करने वाली एक भीमकाय पार्टी को चुनाव में पराजित करना है, तो कई चीज़ों और विभिन्न प्रकार की पार्टियों को एक साथ आना होगा। परिस्थितियों में बदलाव से पहले राजनीतिक दलों से चमत्कार करने की उम्मीद करना उचित नहीं है, चाहे वह उम्मीद एकता की हो, जबरदस्त अपील की हो या कुछ और। जब तक चमत्कार उत्पन्न नहीं होते तो उन्हें दोष देना ऊर्जा की बर्बादी है।

जब तक परिस्थितियाँ नहीं बदलतीं, हमें स्वतन्त्रता और लोकतन्त्र के लिए किसी भी प्रयास का स्वागत करना चाहिए, चाहे वह कितनी भी अपर्याप्त या अलग-थलग क्यों न हो। हमें इस बात पर ध्यान नहीं देना चाहिए कि प्रयास राजनीतिक मंच और वोट के माध्यम से हो रहा है या अनुशासित विरोध की शक्ति के माध्यम से, या किसी न्यायाधीश, नौकरशाह या रिपोर्टर की बहादुरी के माध्यम से या किसी कवि या गीतकार के शब्दों के माध्यम से या किसी अन्य रूप में।

ऐसे प्रयास न सिर्फ़ हो सकते हैं। बल्कि वे हर दिन जगह-जगह से हो रहे हैं। पिछले कुछ वर्षों में भारत में रचनात्मक और साहसी युवा महिलाओं और पुरुषों और उनके बुज़ुर्ग हमवतन लोगों की एक जमात देखी गयी है, जो अनमोल मूल्यों के

लिए लड़ रहे हैं और क़ीमत चुकाने को तैयार हैं। जिनमें छात्र, रिपोर्टर, फ़ोटोग्राफ़र, कलाकार, कवि, गायक, विद्वान, वकील, न्यायाधीश और बहुत लोग शामिल हैं।

सरोकारी नागरिकों ने इन्तजार नहीं किया है और उन्हें अवसर आने तक चुप या निष्क्रिय रहने की ज़रूरत नहीं है। हमारी जनता को आगे बढ़ाने के लिए सरल तरीक़ों से एक शुरुआत की गयी है और इसे ज़ारी रखा जाना चाहिए।

हम ज़बरदस्ती को अस्वीकार करके और ग़ैर-क़ानूनी घोषित करने पर सहमत होकर अपनी शुरुआत कर सकते हैं। हालाँकि यह प्रयास न तो हर जगह, न ही हर अवसर पर सम्भव है। सड़क पर मौजूद पुलिस के पास किसी अपराध को रोकने के लिए कठोर कदम उठाने का अधिकार और कर्तव्य है। सीमा पर सैनिकों का कर्तव्य है कि वे घुसपैठ रोकने के लिए बल प्रयोग करें।

लेकिन, किसी को भी यह अधिकार नहीं है कि वह किसी दूसरे इन्सान को एक ही तरीक़े से सोचने, बोलने या कार्य करने के लिए बाध्य करे या किसी को कोई विशेष नारा लगाने, एक विशेष पंक्ति का जाप करने, एक विशेष तरीक़े से प्रार्थना करने, कोई विशेष भोजन करने या न करने या विशेष कपड़े पहनने या न पहनने के लिए मजबूर करे। विचार, विश्वास और अभिव्यक्ति की स्वतन्त्रता हमारे संविधान की एक अनिवार्य चट्टान है, और एक अधिकार है जो मनुष्य को एक दूसरे से प्राप्त करना चाहिए। मुझे किसी को उसकी इच्छा, विवेक या निर्णय के विरुद्ध जाने के लिए कहने का कोई अधिकार नहीं है, और किसी को भी मुझे मेरे विरुद्ध जाने के लिए मजबूर करने का अधिकार नहीं है।

भारत के पुलिस बल, चाहे वे राज्यों द्वारा नियन्त्रित हों या नयी दिल्ली द्वारा, उनका कर्तव्य है कि इस प्रकार की किसी भी ज़बरदस्ती को रोकें।

भारतीय राज्य हाल के वर्षों में उन लोगों पर रोक लगाने में विफल रहे हैं, जो चौकस गुण्डों के रूप में कमज़ोर व्यक्तियों पर ज़बरदस्ती करते हैं और जिन्होंने कुछ चर्चित मामलों में तो हत्याएँ भी की हैं। यह हाल के वर्षों की चर्चित विफलताएँ रही हैं। कुछ प्रसिद्ध मामलों में पुलिस हुड़दंगियों का नहीं, बल्कि पीड़ितों या पीड़ितों के रिश्तेदारों का पीछा कर रही है, जिससे समकालीन भारत में लोकतन्त्र के उलट-फेर की एक क्रूर और दयनीय छवि उभरती है।

यह कोई अनोखी बात नहीं है कि ज़बरदस्ती करने वालों के प्रशंसक हमेशा से हैं। और उसके विरोधी भी हैं। जब 1946 में, हमारी आज़ादी से एक साल पहले, बम्बई में कुछ चौकस लोगों ने माँग की कि सभी राहगीरों को 'जय हिन्द' बोलना होगा, चाहे उनकी इच्छा हो या न हो, तो गांधी, वह व्यक्ति जिसने ब्रिटिश साम्राज्य

को भारत छोड़ने के लिए ललकारा था, ने ही पूना से तत्काल इस बात की निन्दा की। उन्होंने ज़बरदस्ती को 'स्वतन्त्रता के विरुद्ध ठोंकी गयी कील' कहा।

अगले वर्ष जब स्वतन्त्रता मिल गयी तब कलकत्ता के कुछ उत्साहित युवाओं ने ब्रिटिश नागरिकों को 'जय हिन्द' कहने के लिए मजबूर करने की कोशिश की, तो गांधी ने फिर से सार्वजनिक रूप से आपत्ति जताई। वहीं इसके विपरीत हमारे वर्तमान शासकों की पहचान ज़बरदस्ती के ख़िलाफ़ चुप रहने की बन गयी है।

नागरिक होने के नाते हमें इसकी शीघ्र और सार्वजनिक निन्दा की माँग करनी चाहिए। रिश्तेदार या पड़ोसी के रूप में हम अपने स्वयं के दायरे में स्वतन्त्र चर्चा की संस्कृति को भी बढ़ावा दे सकते हैं, चाहे ये दायरे बहुत छोटे हों या परिवार, दोस्तों और निकटतम पड़ोसियों तक सीमित हों।

घर, स्कूली कक्षा, बस की कतार, रेलगाड़ी का डिब्बा, चाय की दुकान–ऐसी जगहें हैं जहाँ लोकतान्त्रिक संस्कृति विकसित होती है या ख़त्म हो जाती है। हम स्वतन्त्रता के दमन और सार्वजनिक स्थानों पर की जाने वाली ज़बरदस्ती की अनदेखी का विरोध करते हैं, जैसा कि हमें करना भी चाहिए। हम अपने घरों सहित शान्त या अधिक सीमित स्थानों में भी स्पष्ट, लेकिन विनम्र बहस को प्रोत्साहित कर सकते हैं। दमन का विरोध करना, असहमति के लिए खड़े होने वालों को सलाम करना और संवाद को बढ़ावा देना हमारा दृष्टिकोण हो सकता है।

हमें स्वयं से स्पष्ट प्रश्न पूछने चाहिए। हम संसद में और टीवी पर होने वाली चीख चिल्लाहट से तो चिड जाते हैं। लेकिन हम नागरिक के रूप में अपनी बैठकें, बहसें, चर्चाएँ, यहाँ तक कि अपनी बातचीत कैसे करते हैं? क्या हम असहमति का स्वागत करते हैं? हम बैठकों, बहसों, चुनावों में हार को कितने सहज भाव से लेते हैं? क्या हम सुनने को उतने उत्सुक हैं, जितना कि बोलने के लिए? क्या नागरिक बैठकों में लोग अपनी समय सीमा पार करने के बाद यह कहते हुए नहीं सुने जाते कि 'एक मिनट और' और वे यह बात एक बार नहीं बल्कि कई बार कहते हैं? क्या हम टीवी एंकरों और राजनेताओं से बिल्कुल अलग हैं?

लोकतन्त्र का नवीनीकरण दिल्ली में आयोजित किसी कार्यक्रम या दृश्य से नहीं होगा। यह वहीं से शुरू होगा, जहाँ हम हैं, हमारे छोटे दायरे में, जिसे हम स्वीकार करते हैं, अस्वीकार करते हैं और सम्मान करते हैं।

इस अध्याय के आरम्भ में मेरे द्वारा उपयोग किया गया एक वाक्यांश है–'अनुशासित विरोध'। जब दशकों पहले भारत ने ब्रिटिश शासन को समाप्त करने के लिए अपने अहिंसक आन्दोलन से आश्चर्यचकित किया, तो एक गम्भीर प्रश्न

उठाया गया था। क्या अहिंसा अंग्रेज़ों से भी अधिक क्रूर शत्रुओं के विरुद्ध काम कर सकती थी? वह प्रश्न अब दूसरे रूप में हमारे समक्ष बना हुआ है। क्या लोकतन्त्र के स्वदेशी दमन के ख़िलाफ़ अहिंसक असहयोग और अहिंसक प्रतिरोध को अपनाया जा सकता है? इस बात का भी पता हम निश्चित रूप से लगा लेंगे।

• • •

अद्भुत व्यक्तित्व वाले मुरलीधर देवीदास आमटे (1914-2008), जिन्हें प्यार से कुष्ठरोगियों का मित्र और बाबा आमटे के नाम से भी जाना जाता है, ने सुझाव दिया कि अंग्रेज़ों के लिए भारत छोड़ो करने की तुलना में भारतीयों के लिए भारत जोड़ो करना अधिक महत्त्वपूर्ण है। हम कहते हैं कि हम भारत से प्यार करते हैं, जो शायद अधिकांशतः सच है। हम कहते हैं कि हम भारतीय से प्यार करते हैं, यह कुछ कम सच है। लेकिन यह एक हद तक सच है। हालांकि हम भारतीयों के इस दायर से कुछ लोगों को बाहर करते हुए कहते है— भारतीय ता ठीक ह लकिन इनमें सभी लोग शामिल नहीं हैं।

लेकिन क्या हम अपने साथी भारतीयों को या उनके बारे में कुछ भी जानते हैं?

अब तक एक लम्बे जीवन के कारण मुझे भारत के अधिकांश हिस्सों की यात्रा करने का सौभाग्य मिला है। मैंने उनमें से कुछ हिस्सों में लम्बा समय बिताया है। मेरे ऐतिहासिक और जीवनी सम्बन्धी अध्ययनों ने मुझे पहले के भारतीयों के क़रीब ला दिया है। अवलोकन और अध्ययन से एक सरल निष्कर्ष निकला है। हम साथी भारतीयों के बारे में राय तो रखते हैं लेकिन उनके बारे में ज्ञान शून्य हैं। हम उन्हें पसन्द करते हैं या नापसन्द करते हैं, हम उनका मूल्यांकन करते हैं, उनकी प्रशंसा करते हैं या उनकी निन्दा करते हैं, लेकिन हम उन्हें जानते नहीं हैं। हमने उनसे सम्पर्क नहीं किया, उनकी बात नहीं सुनी या उनके बारे में अध्ययन नहीं किया।

हार्वर्ड विश्वविद्यालय में इतिहास के प्रोफ़ेसर, लोकसभा के पूर्व सदस्य और नेता जी के पोते सुगत बोस, भारतीयों के बीच 'सांस्कृतिक अन्तरंगता' को बढ़ावा देने की सुभाष बोस की इच्छा को रेखांकित करते हैं। यह बात व्यापक रूप से ज्ञात है कि नेता जी की आज़ाद हिन्द फ़ौज के सैनिकों और अधिकारियों में हिन्दू, मुस्लिम, सिख और ईसाई सभी शामिल थे। बोस का उर्दू शब्दों के प्रति लगाव इसी बात से स्पष्ट होता है कि उन्होंने राष्ट्रीय अभिवादन 'जय हिन्द' में दूसरा शब्द उर्दू का ही शामिल किया। लेकिन बोस का 'सांस्कृतिक अन्तरंगता' पर ज़ोर उनकी इस

चिन्ता को दर्शाता है कि विभिन्न परम्पराओं के भारतीय एक-दूसरे के साथ पर्याप्त मात्रा में घुल-मिल नहीं रहे हैं।

जब गांधी जी ने 1941 में अपनी ओर से स्वतन्त्रता आन्दोलन के प्रत्येक कार्यकर्ता से अपने शब्दों में, भारत में रहने वाले 'लाखों लोगों में से प्रत्येक' से तादाम्य स्थापित करने के लिए कहा और ऐसा करने के लिए 'अपने धर्म के अलावा अन्य धर्मों का प्रतिनिधित्व करने वाले व्यक्तियों के साथ मित्रता विकसित करने' के लिए कहा, तब वे भी ऐसी मित्रता की कमी को उजागर कर रहे थे।[1]

किसी तरह से अपने आपको आश्वस्त करने के बाद कि न केवल सहिष्णुता, बल्कि स्वीकार भी भारतीय रक्त प्रवाह का हिस्सा है, हम न घुलने-मिलने के प्रभाव का आकलन करने में विफल रहे हैं, क्योंकि घुलना-मिलना हमारे स्वयं के जीवन तक ही सीमित है। सीमित सामाजिकता के नियमों से चिपके रहने के कारण, हम 'शुद्ध' और अज्ञानी भी बने रहते हैं, और अपने दायरे से बाहर के बारे में विचित्र क़िस्म के अर्धसत्य और झूठ के शिकार हो जाते हैं।

क्या बन्धुत्व के बिना स्वतन्त्रता या समानता सम्भव है? यदि 'बन्धुत्व' बहुत अधिक पुरुषवादी और सीमित शब्द है, तो हम पूछ सकते हैं कि क्या मित्रता के बिना स्वतन्त्रता या समानता सम्भव है।

धार्मिक या जातिगत विभाजनों के आर-पार ज्ञान का प्रवाह दुर्लभ है और मित्रता भी। लेकिन उन विभाजनों के आर-पार हिंसक हमले होते हैं, जिनमें बलात्कार भी शामिल है। कई अपराध रिपोर्ट नहीं किये जाते पर बहादुर पत्रकार कुछ को उजागर करते हैं। हालाँकि, मामले उजागर होने पर भी शायद ही कभी न्याय या ज़मीनी स्तर पर बेहतर सम्बन्ध हासिल हो पाते हैं।

सितम्बर, 2020 में देशव्यापी आक्रोश फैल गया, जब एक वाल्मीकि जाति की युवती, जो उन्नीस या बीस साल की थी, ने दिल्ली के एक अस्पताल में दम तोड़ दिया। उससे गाँव में सवर्ण जाति के युवकों ने बलात्कार किया था। वह यूपी के हाथरस शहर के किनारे बसे बुल गढ़ी गाँव की रहने वाली थी। यह गाँव दिल्ली के दक्षिण में लगभग दो सौ किलोमीटर पर स्थित है। ग़ुस्सा तब और बढ़ गया, जब यह पता चला कि पुलिस ने उसके माता-पिता की अनुमति के बिना ही युवती के शव का अन्तिम संस्कार कर दिया। नया आक्रोश तब फैला, जब दिल्ली के एक मलयाली पत्रकार सिद्दीक कप्पन, जो घटना को रिपार्ट करना चाहते थे, को हाथरस पहुँचने से पहले न केवल गिरफ़्तार किया गया, बल्कि उन पर देशद्रोह का भी आरोप लगा दिया गया!

इस घटना के बारे में लिखने तक कप्पन जेल में थे! उन्हें ट्रायल के लिए नहीं लाया गया है। इसी बीच उनकी माँ का केरल में निधन हो गया। कप्पन की कुछ पूर्व पत्रकारिता का हवाला देते हुए, जहाँ उन्होंने दिल्ली में सीएए विरोधी प्रदर्शनों और दंगों की रिपोर्टिंग की थी, यूपी पुलिस स्पष्ट रूप से अदालत को यह समझाना चाहती है कि उनकी रिपोर्टिंग वैमनस्य फैलाने वाली है! अब कप्पन का कब ट्रायल होगा, यह देखने वाली बात होगी। बुल गढ़ी गाँव के मुट्ठी भर वाल्मीकि परिवारों को सुरक्षा की आवश्यकता है, क्योंकि कुछ लोगों में इस बात पर ग़ुस्सा है कि इस बलात्कार और हत्या ने देशभर का ध्यान आकर्षित किया है।[2]

यह कहानी भारत के अनेक दुखों को उजागर करती है, जिनमें दलित जिन क्रूरताओं के बीच रहते हैं और मरते हैं, इन दुखों में पुलिस की मनमानी, निष्क्रिय न्याय प्रणाली, पत्रकारों का उत्पीड़न, दलित-मुस्लिम गठबन्धन का डर और भारत की धरती पर रहने वाले विविध और अक्सर विभाजित समूहों के बीच दोस्ती के किसी भी लक्ष्य की निर्भीक भावना शामिल है।

लगभग असम्भव रूप से कठिन अन्तिम लक्ष्य वह है जिसके साथ मैं खड़ा होना चाहता हूँ, लेकिन पहले मैं भारतीय पिरामिड के निचले स्तर पर गठबन्धन के विचार पर टिप्पणी करना चाहता हूँ या एक सम्बन्धित प्रश्न पर कुछ कहना चाहता हूँ जो अक्सर पूछा जाता है–'भारत के दलित, आदिवासी, ओबीसी और अल्पसंख्यक, हिन्दू राष्ट्रवाद की उच्च जातीय विचारधारा के ख़िलाफ़ एकजुट क्यों नहीं होते हैं?'

एक व्यक्ति, जिसने भारतीय समाज के व्यापक आधार पर राजनीतिक एकता बनाने के लिए कड़ी मेहनत की और प्रभावशाली प्रारम्भिक सफलता हासिल की, वे थे बहुजन समाज पार्टी (बसपा) के संस्थापक कांशीराम। लेकिन विभिन्न और अक्सर विरोधी समुदायों की आबादी में दीर्घकालिक राजनीतिक सफलता के लिए आपको कम-से-कम दो चीज़ों की आवश्यकता है–ज़मीनी स्तर पर कुछ न्यूनतम एकजुटता और शीर्ष नेताओं के बीच ठोस विश्वास। इन स्थितियों को प्राप्त करना कठिन है और इन्हें बनाये रखना और भी कठिन है।

इस बीच, हिन्दू राष्ट्रवाद कम-से-कम कुछ समय के लिए, अपने अल्पसंख्यक विरोधी एजेंडे की खातिर कुछ दलित और ओबीसी समर्थन जुटाने में सफल रहा है। भारत के दलितों और ओबीसी में देशभक्ति की भावना कूट-कूट कर भरी है, जिनमें से कुछ को हिन्दुत्व ने भारत के ईसाइयों और मुसलमानों के कथित विदेशीपन की शिक्षा दी है। इसके अलावा ज़मीनी स्तर पर अल्पसंख्यकों और निचली जाति के

हिन्दुओं के बीच सौहार्दपूर्ण सम्बन्ध मुश्किल से ही बने हैं; लेकिन ऐसे रिश्तों को सींचना होगा।

ज़मीनी स्तर पर सह-अस्तित्व के लिए न्याय की आवश्यकता है, और जो बीत गया उसे भुलाने के लिए, झगड़ों को भुला देने की इच्छा भी आवश्यक है। किसी गाँव या मोहल्ले को शान्तिरक्षकों की आवश्यकता हो सकती है–यहाँ तक कि कभी-कभी सशस्त्र शान्तिरक्षकों की भी। लेकिन इसके लिए ग़ैर-पक्षपातपूर्ण मित्र की भी आवश्यकता होती है, जो हर किसी की बात सुनने, अलग-अलग दृष्टिकोण अपनाने और निराश, बेरोज़गार, क्रोधित या असन्तुष्ट व्यक्तियों को सम्भावित हिंसा से दूर रखने के लिए तैयार हो।

बदला बनाम मेल-मिलाप के प्रश्न को सम्बोधित करते हुए फ्रांसीसी लेखक मानेस स्पर्बर ने हमें यह पहचानने के लिए कहा कि अधिकांश समाज में ऐसे लोग होते हैं जिनके पूर्वजों ने 'एक-दूसरे को सबसे बुरी पीड़ाएँ और दुःख पहुँचाये।'[13] आख़िरकार वे लोग अपने जीवन में आगे बढ़े, यहाँ तक कि उन लोगों से भी शादी की जो शायद दुश्मनों के वंशज थे। हम निश्चित रूप से कह सकते हैं कि भारत के कई हिस्सों में भी कुछ ऐसा ही हुआ है।

मैंने संघर्षरत लोगों के समूहों के बारे में मोटे तौर पर बात की है। वास्तविक जीवन में अपरिभाषित समूह नहीं बल्कि श्रेणियाँ होती हैं जिनका हम अक्सर वर्णन करते हैं। उदाहरण के लिए दलित, ठाकुर, मुस्लिम, ब्राह्मण वग़ैरह। एक सरल और अधिक सच्ची वास्तविकता है, 'हम' और 'वे' की वास्तविकता, जिसके लिए हिन्दी पद अपने और पराये, 'हम' को 'बाहरी लोगों' के ख़िलाफ़ खड़ा कर अंतर को अधिक स्पष्ट करते हैं।

हालाँकि, एक शब्द का प्रयोग हम शायद ही कभी करते हैं। हम अपने गाँव या मोहल्ले के 'उन अन्य लोगों' के बारे में स्वाभाविक रूप से सुनते, बोलते और सोचते हैं–वे हिन्दू, मुस्लिम, सिक्ख, ईसाई, दलित, जाट, यादव, जो भी हों। लेकिन हम उन्हें अपने पड़ोसी के रूप में नहीं सोचते। फिर भी जब ए और बी को पटेल, मराठा, जो कुछ भी माना जाता है तो वे एक चीज़ हैं, और जब पड़ोसी के रूप में याद किया जाता है, तब वे बहुत अलग व्यक्ति होते हैं।

साथी भारतीयों के बारे में धार्मिक, भाषायी या जातिगत आधार पर सोचना हमारी आदत बन गयी है। क्या उन्हें पड़ोसी के रूप में देखना असम्भव है? भारत में 80 प्रतिशत हिन्दू, 14 या 15 प्रतिशत मुसलमान, 2.5 प्रतिशत ईसाई और सौ प्रतिशत पड़ोसी हैं। 'अपने पड़ोसी से अपने समान प्यार करो' का पालन करने

से सम्भवत: 'अन्तरधार्मिक सद्भाव' और 'जातीय समानता' का आधा काम सध सकता है।

हम असंवैधानिक '80 विरुद्ध 20' की राजनीति का विरोध करते हैं, जो अन्तहीन अवधि के मनोवैज्ञानिक गृहयुद्ध को बढ़ावा देती है, लेकिन एक बड़ा सवाल यह भी है कि समान अधिकारों के कितने समर्थकों ने 'अपने धर्म के अलावा अन्य धर्मों का प्रतिनिधित्व करने वाले व्यक्तियों के साथ मित्रता विकसित की है', जिसे पीढ़ियों पहले गांधी ने करने को कहा था या उस 'सांस्कृतिक घनिष्ठता' को प्रोत्साहित किया था जिसे बोस आवश्यक मानते थे?

ऐसा प्रतीत होता है कि 1921 में टैगोर ने गांधी से यही कहा था–आपने मुसलमानों और हिन्दुओं को राजनीतिक मंच पर एक साथ बैठने और ब्रिटिश राज पर एक साथ प्रहार करने के लिए राज़ी किया...लेकिन उनके दिलों और मन में एकता की यह भावना कितनी गहराई तक उतर पायी?[4] एक सदी बाद भी यह प्रश्न प्रासंगिक बना हुआ है।

जब आम्बेडकर ने 1936 में *एनिहिलेशन ऑफ़ कॉस्ट* में लिखा था कि जाति व्यवस्था के स्थान पर स्वतन्त्रता, समानता और भाईचारे को स्थापित किया जाना चाहिए, तो वह भी सभी पृष्ठभूमि के भारतीयों के बीच व्यक्तिगत मित्रता, पारस्परिक ज्ञान और पारस्परिक सम्मान की माँग कर रहे थे। फिर भी हम में से बहुतों के लिए, यहाँ तक कि ज़बरदस्ती करने का विरोध करने वालों के लिए भी, भारत को एक साथ जोड़ना भविष्य के लिए एक एजेंडा है। जब हम कहते हैं कि हम एक साथ आना चाहते हैं, तब यह आमतौर पर केवल राजनीतिक लड़ाई के लिए होता है। अगर आज यह भी कठिन लगता है, तो इसका एक कारण यह है कि अतीत में हमने जाति, धर्म और भाषा के पार जाकर व्यक्तिगत मित्रता नहीं विकसित की थी।

ज़्यादातर लोग इस बात से अनजान हैं कि गांधी ने 1947 की पूरी पहली तिमाही पूर्वी बंगाल के नोआखली, जो अविभाजित भारत का हिस्सा था, के गाँवों में ज़मीनी स्तर पर लोगों को एक साथ जोड़ने के प्रयास में बितायी। नोआखली, अगस्त, 1947 में पूर्वी बंगाल पाकिस्तान का हिस्सा बन गया और 1971 में यह बांग्लादेश बन गया। फ़रवरी, 1947 में गांधी के प्रयास से प्रभावित होकर एस. हक़ नाम के एक व्यक्ति ने उन्हें पत्र लिखकर कहा था कि उन्होंने अपने सपने में गांधी को इस्लाम का प्रचार करते देखा है। हक़ को गांधी जी से यह उत्तर मिला–

> मैं एक साधारण आदमी हूँ, दर्शन का कोई पाठक नहीं। 'भगवान से डरो, किसी और से नहीं, और अपने पड़ोसी से अपने समान प्यार करो' –यही मेरा आदर्श वाक्य है।[5]

• • •

गुजरात के डिंगुचा गाँव की ग्यारह साल की विहंगी पटेल का चेहरा हमें जल्दी नहीं भूलेगा। वह उस तस्वीर में थी, जिसे दुनिया ने जनवरी, 2022 में देखा था, जिसमें उसके तीन साल के भाई धार्मिक और माता-पिता जगदीश और वैशाली की कनाडा में बर्फ़ में जम कर मौत हो गयी थी। कनाडा के मैनिटोबा प्रान्त के छोटे से शहर इमर्सन से दक्षिण की ओर आ रहे थे और अमेरिकी बॉर्डर से मात्र 12 मीटर दूर थे।

गुजरात की राजधानी गांधीनगर से केवल 10 मील उत्तर में स्थित डिंगुचा कोई ग़रीब गाँव नहीं है। व्यावहारिक रूप से डिंगुचा का प्रत्येक घर यह दावा कर सकता है कि उसका एक सदस्य कनाडा या अमेरिका में है। विदेश से भेजे गये धन से गाँव में कई मन्दिर, एक पानी की टंकी, एक स्कूल और कई बहुमंज़िला मकान बनाये गये हैं।[6] फिर भी डिंगुचा या कोई भारतीय गाँव 'उम्मीद' का दूसरा नाम नहीं है। यदि हम सभी गाँवों को एक साथ लें, तो आज भी भारत की 1.4 अरब आबादी में से 60 प्रतिशत से अधिक लोग यहीं रहते हैं।

भारतीयों को एक-दूसरे के साथ जोड़ना और करोड़ों लोगों के लिए नौकरियाँ ढूँढ़ना एक दूसरे से जुड़े प्रश्न है। हमारे गाँवों और शहरों में भी हाल के वर्षों में बेरोज़गारों की संख्या में भारी वृद्धि हुई है। जनवरी 2022 में मध्य प्रदेश में ड्राइवर और चौकीदार जैसे पन्द्रह सरकारी पदों के साक्षात्कार के लिए 10 हज़ार से अधिक युवकों ने आवेदन किया, जिनमें स्नातक, स्नातकोत्तर, इंजीनियर और सिविल और न्यायिक सेवा के इच्छुक युवक भी शामिल थे। जब रेलवे ने 35 हज़ार निचले स्तर के पदों का विज्ञापन दिया, तब लगभग 1.25 करोड़ लोगों ने आवेदन किया यानी प्रति पद लगभग 350 लोग।

जनवरी, 2022 के अन्त में शेखर गुप्ता ने द *प्रिंट* में लिखा कि जब उस मीडिया प्लेटफार्म ने अपने सम्पादकीय विभाग के लिए तीन या चार पदों की रिक्तियाँ निकाली, तब उसके लिए लगभग एक हज़ार आवेदन आये। अधिकांश आवेदक 'बहुत अधिक योग्य और यह कहते हुए दोहरा दुख हो रहा है कि वे पहले से ही बहुत उम्रदराज थे।'[7]

हमारे शहरों में भारत की बढ़ती संख्या के लिए कभी भी पर्याप्त जगह नहीं होगी। भले ही नये शहर बनाये जायें। जबकि दुनिया में भारतीय हाथों और दिमाग़ों की माँग सम्भवतः काफ़ी बढ़ जायेगी, फिर भी भारतीयों की बड़ी संख्या भारत में बड़े शहरों के बाहर ही रह जायेगी।

हालाँकि, मैंने 1950 के दशक में अर्थशास्त्र का अध्ययन किया था, लेकिन मैं कोई अर्थशास्त्री नहीं हूँ। फिर भी मैं सही अनुमान लगा सकता हूँ। जब मैं ऐसा

करता हूँ, तो मैं देखता हूँ कि भारत के गाँवों में गतिविधि वापस लाना और पर्यावरण की रक्षा करना दो महान (और शायद यथार्थवादी भी) उद्यम हैं जो बड़ी संख्या में रोज़गार प्रदान कर सकते हैं। साथ ही वे हमारी भूमि को हरा-भरा, हमारी वायु को स्वच्छ और हमारे हिमालय को मज़बूत बनायेंगे।

हमें लम्बे समय से 'कभी अभेद्य रहे हिमालय के अपमान' के बारे में चेतावनी दी गयी है। 'मैंने आधुनिक तकनीकी हथियारों से लैस इंजीनियरों को हिमालय पर आघात करते देखा है...इंजीनियर ख़ुश होते हैं और प्रकृति पर अपनी विजय साबित करने वाली तस्वीरें प्रसारित करते हैं, उन्हें इस बात का ज़रा भी एहसास नहीं होता कि वे भी प्रकृति का हिस्सा हैं और यदि उनका अपना प्राकृतिक पर्यावरण नष्ट हो जाता है तो वे जीवित नहीं रह सकते।'

ये टिप्पणियाँ हिमालय के आजीवन सेवक और विज्ञान के शिक्षक रवि चोपड़ा की थीं, जब फ़रवरी 2022 में उन्हें चार धाम सर्किट के प्रभाव का अध्ययन करने के लिए सर्वोच्च न्यायालय द्वारा नियुक्त उच्च स्तरीय समिति के अध्यक्ष के रूप में इस्तीफ़ा देने के लिए मजबूर होना पड़ा। वह सर्किट ऊपरी हिमालय में 899 कि.मी. की लम्बाई में चौड़ी पहाड़ी सड़कों द्वारा निर्मित होना था, जिसका मकसद बद्रीनाथ, केदारनाथ, गंगोत्री और यमुनोत्री को 'हर मौसम में सम्पर्क' प्रदान करना था।

ऐसा कहा गया था कि तीर्थयात्री इन पवित्र स्थलों तक त्वरित और आसान तरीके से पहुँचना चाहते हैं। और सेना को बड़ी ऊँचाई वाली चीनी सीमा तक तेज़, आसान रास्तों की आवश्यकता थी। आध्यात्मिक या सांस्कृतिक रूप से भूखी जनता और रक्षा बलों की संयुक्त आवश्यकताओं के सामने आख़िर महज हिमालय है ही क्या?

हालाँकि, चोपड़ा चेतावनी देते हैं कि 'प्रकृति अपने ख़जाने पर जानबूझकर की गयी ऐसी ग़लतियों को न तो भूलती है और न ही माफ़ करती है। हम पहले ही कई सड़कों को ग़ायब होते देख चुके हैं जिनकी मरम्मत में महीनों लग गये।'[8]

उत्तराखण्ड के चार धाम पर्वतों की खतरनाक स्थिति कोई अपवाद नहीं है। यह खतरनाक स्थिति पूरी पर्वत श्रृंखलाओं तक फैली हुई है और सियाचिन और लद्दाख में पैंगोंग झील जैसे स्थानों पर भी वैसी ही है। निम्न-ऑक्सीजन, उच्च-ऑक्टेन क्षेत्र के स्थान जहाँ हिमालय और काराकोरम मिलते हैं, और जहाँ भारत, चीन और पाकिस्तान की सेनाएँ एक-दूसरे के क़रीब खड़ी होती हैं, वहाँ भी यह खतरनाक स्थिति है।

बर्फ़ में जमा हुआ सियाचिन लम्बे समय से ख़तरनाक खड़े पर्वतों का पर्याय रहा है। यह एक ऐसी जगह है जहाँ 'दुश्मन की कार्रवाई की तुलना में सैनिकों के लिए प्राकृतिक परिस्थितियाँ अधिक घातक हैं' लेकिन यह वह जगह भी है जहाँ 1980 के दशक से शुरू करके भारत के सैनिकों ने अपने बड़ी ऊँचाई वाले युद्ध कौशल में स्थिरता और पर्याप्त रूप से सुधार किया है।[9] अपने 1988 के स्वतन्त्रता दिवस के भाषण में तत्कालीन प्रधानमन्त्री राजीव गांधी ने परिचित वाक्यांश, 'भारत कश्मीर से कन्याकुमारी तक एक है', को महत्त्वपूर्ण रूप से बदलकर 'भारत काराकोरम से कन्याकुमारी तक एक है' कर दिया था।[10]

सियाचिन और इसके पूर्व में गलवान घाटी, पैंगोंग झील और उस झील का हिस्सा जैसी जगहें अब भारत, चीन और पाकिस्तान में इतिहास के पाठों का हिस्सा हैं, वे सैनिकों के लिए शानदार प्रशिक्षण स्थल भी हैं। वे युद्धक्षेत्र रहे हैं और फिर बन सकते हैं।

लेकिन ये स्थल एक विशाल ग्लेशियर की अस्थिर ज़मीन पर स्थित हैं। उनसठ साल पहले जब मैंने पहली बार लता मंगेशकर को (हिन्दी से ज़्यादा उर्दू में), कवि प्रदीप का अमर गीत 'ऐ मेरे वतन के लोगों' को गाते हुए सुना था, तब गीत के वे शब्द, जिन्होंने मुझे रुला दिया था, वे थे 'जब घायल हुआ हिमालय।' वे ताक़तवर अजेय, अभेद्य हिमालय का मानवीय और भेद्य रूप प्रकट कर रहे थे।

ये खड़ी या आंशिक रूप से खड़ी जगहें बहुत स्पष्ट रूप से तो नहीं, लेकिन भारतीय, पाकिस्तानी और चीनी स्थलों में 'सीमांकित' हैं, हालाँकि ज़रूरी नहीं कि वे इस तरह से 'स्वीकृत' हों। न जाने भारतीय, चीनी और पाकिस्तानी सैनिकों की और कितनी पीढ़ियाँ अपने कौशल को निखारेंगी और उन स्थानों पर जीवित रहने की अपनी क्षमता का परीक्षण करेंगी? क्या वहाँ शान्ति या समझौता किसी पर्यावरणीय आपदा के बाद आयेगा या उससे पहले होगा?

• • •

क्या भारत अपनी क्षमता से कम या ज़्यादा भार उठाने की कोशिश कर रहा है? यदि जनसंख्या कोई ताक़त दर्शाती है, तो भारत को चीन के साथ संयुक्त रूप से स्वर्ण पदक मिलना चाहिए। लेकिन, भूमि क्षेत्रफल के अनुसार, भारत दुनिया में केवल सातवाँ सबसे बड़ा देश है, छठे नम्बर पर ऑस्ट्रेलिया है, जो भारत के आकार से लगभग तीन गुना बड़ा है। ऑस्ट्रेलिया से आगे क्रमबद्ध तरीक़े से बड़े देशों में सबसे पहले रूस है, उसके बाद कनाडा, चीन, अमेरिका और ब्राज़ील हैं।

तेरहवें नम्बर पर सऊदी अरब है, जो भारत के लगभग दो-तिहाई आकार में है। अर्जेंटीना, कजाकिस्तान, अल्जीरिया, कांगो और ग्रीनलैंड इस क्रम में सऊदी अरब से पहले हैं।[11]

महामारी ने भारत की पर्याप्त सॉफ्ट पावर को प्रकट किया है। भारत में तैयार या पुनरुत्पादित टीकों ने अन्य देशों में लाखों लोगों की सहायता की है। भारतीय मूल के डॉक्टरों और प्रतिरक्षा विज्ञानियों (इम्यूनोलॉजिस्टों) ने दर्जनों देशों में मदद की है। कोरोना महामारी के बहुत पहले से योग और ध्यान के बारे में बहुत सारी बातें यूरोप, अमेरिका आदि में पहुँचायी गयी थीं। और दुनिया अब अपने घर से बाहर भारतीय रेस्तराँ में खाना खाने की आदी हो गयी है।

लेकिन लोकतन्त्र भारत का सबसे मज़बूत पक्ष रहा है, हाल के वर्षों में यह कमज़ोर हुआ है। एक निरंकुश, धर्मतन्त्रीय व एकरंगी भारत दुनिया में योग और ध्यान को ख़त्म नहीं करेगा या भारतीय रेस्तराँ बन्द नहीं करेगा। लेकिन एक हिन्दू राष्ट्र भारत अपने से दूर स्थित और करीबी देशों में आशा के दीप बुझा देगा।

दुनिया में भारत की स्थिति हाल के वर्षों में ऊपर गयी है या नीचे, इस पर लगातार बहस हो रही है, लेकिन इसमें सबसे बड़ा सवाल छूट जाता है।

भारत के होने का अर्थ क्या है? वे कौन से विचार हैं, जो भारत दुनिया को प्रदान कर रहा है? क्या वह योग से प्रसारित होने वाला विश्व में शान्ति, शिष्टता और संचेतनता का विचार है? इसमें कोई शक नहीं कि दुनिया का हर कोई योग या इससे सम्बधित अभ्यास से लाभान्वित हो रहा है। लेकिन योग या उससे जुड़े अन्य अभ्यासों से लाभ उठाने वाले सभी लोग भारत के बारे में नहीं सोचते, पर भारत या पूरब की उस अन्तर्दृष्टि के पूरी दुनिया में निरन्तर विस्तार पर भारतीयों का गर्व करना उचित ही है।

असल में, भारत सहित दुनियाभर के लोगों में शान्ति से कुछ अधिक की भूख है। वे सरोकार, सहानुभूति, एकजुटता और निष्पक्षता की कामना करते हैं! क्या भारत के सार्वजनिक स्थल यह सन्देश देते हैं कि वहाँ बग़ल वाले के लिए सरोकार है? क्या भारतीय राज्य ऐसा सन्देश देता है? हम भारत के लोगों को एक दूसरे के लिए और अधिक करना चाहिए। लेकिन, भारतीयों का जीना केवल भारत के लिए नहीं है। भारत को मानवता को एक सन्देश देना होगा, जहाँ सर्वोच्चता के सिद्धान्त एक बार फिर से उभर रहे हैं, फिर भी 'समानता' और 'पारस्परिक सम्मान' का सन्देश आज का भारत नहीं दे रहा है।

भारतीयों की उपस्थिति पूरी दुनिया में दर्ज की जा रही है। अफ्रीका में सम्भवतः 40 से 50 लाख भारतीय मूल के लोग रहते हैं। पूर्वी एशिया में जापान, चीन और दक्षिण कोरिया, सम्पूर्ण यूरोप–ब्रिटेन और आयरलैंड; आस्ट्रेलिया और न्यूजीलैंड; कनाडा और अमेरिका में सभी में भारतीयों की प्रभावशाली और निरन्तर बढ़ती हुई संख्या है। दक्षिण अमेरिका में भी भारतीय पेशेवर कार्यरत हैं। सऊदी अरब में लगभग 40 लाख भारतीय काम करते हैं। इतनी ही संख्या संयुक्त अरब अमीरात में भी है। भारतीय मूल के लोग दक्षिण-पूर्व एशिया में, विशेष रूप से मलेशिया और सिंगापुर में, साथ ही भारत के उत्तर-पश्चिम में अफ़ग़ानिस्तान, ईरान, इराक़ और अन्य मुस्लिम-बहुल देशों में एक महत्त्वपूर्ण संख्या में हैं।

इन सभी देशों में सिर्फ़ भारत का नाम ही दाँव पर नहीं है। हर जगह भारतीय मूल के लोगों का दैनिक जीवन भारतीय लोकतन्त्र की स्थिति से प्रभावित होता है। दुनिया के अधिकांश हिस्सों में ईसाई या इस्लाम धर्म के लोग बहुसंख्यक हैं। भारत के मुसलमानों और ईसाइयों को उनके अधिकारों से वंचित करना भारत के बाहर के भारतीयों के लिए समस्याएँ पैदा करता है। ऐसा न केवल एक अलोकतान्त्रिक आचरण है, बल्कि एक भारत-विरोधी आचरण भी है। इससे अधिक मूर्खतापूर्ण कार्य की कल्पना करना कठिन होगा।

यह भूलना कितना आसान है कि राज्य और लोग दो अलग चीज़ें हैं। भारत सरकार के चीन और पाकिस्तान की सरकारों के साथ बड़े विवाद है। लेकिन भारत, पाकिस्तान और चीन के लोगों ने एक दूसरे पर क्या अपराध किये हैं? लोगों का लोगों के द्वारा नापसन्द किया जाना कितना तर्कसंगत है? इधर के लोगों द्वारा उधर के लोगों के प्रति अज्ञानता कितनी अच्छी बात है? क्या विश्व के सबसे बड़े लोकतन्त्र को, जिसके पास बड़ी संख्या में युवा हैं, दुनिया को बेहतर तरीक़े से नहीं जानना चाहिए, और जिसकी शुरुआत पड़ोस में रहने वाले लोगों से होनी चाहिए?

विश्व मित्र या दुनिया के दोस्त, मानवता का मित्र बनना, भारत के लोगों के लिए एक कठिन, लेकिन महान लक्ष्य होगा। यह कहना कि हम विश्व गुरु बनना चाहते हैं, केवल दुनिया के कार्टूनिस्टों को आनन्ददायक मसाला प्रदान करता है।

• • •

1965 में 'राष्ट्र-विरोधी' होने के कारण की गयी अपनी हत्या से तीन साल पहले मार्टिन लूथर किंग जूनियर ने पूछा था कि न्याय मिलने में कितना समय लगेगा। उन्होंने अपने ही प्रश्न का उत्तर देते हुए कहा, 'बहुत समय नहीं, क्योंकि

कुचला हुआ सत्य फिर से उठ खड़ा होगा। ज़्यादा देर तक नहीं, क्योंकि कोई भी झूठ हमेशा के लिए जीवित नहीं रह सकता। ज़्यादा देर तक नहीं, क्योंकि जो तुम बोओगे, वही काटोगे।'

'लम्बे समय तक नहीं।' किंग ने कहा, 'क्योंकि नैतिक ब्रह्माण्ड का मेहराब बहुत बड़ा है और यह न्याय की ओर झुकता है।'

किंग उस बात की व्याख्या कर रहे थे, जो दासता उन्मूलन के समर्थक श्वेत थियोडोर पार्कर ने एक सदी से भी अधिक समय पहले, 1853 में अमेरिकी गृहयुद्ध से आठ साल पहले कही थी, 'मैं नैतिक ब्रह्माण्ड को समझने का दिखावा नहीं करता।' पार्कर ने कहा। 'चाप लम्बा है। मेरी नज़र तो बहुत कम दूरी तक पहुँचती है। (फिर भी) मैं जो देख रहा हूँ, उससे मुझे यक़ीन है कि यह न्याय की ओर झुकता है।'

'लम्बे समय तक नहीं' में सटीक अर्थ का अभाव है। फिर भी हम पार्कर और किंग की बात पर क़ायम रह सकते हैं, जिस पर भारतीयों ने भी विश्वास किया है। बहुत पहले हमारे पूर्वजों ने तीन छोटे शब्दों में निश्चितता व्यक्त की थी–सत्यम एव जयते।

सत्य की वास्तव में जीत होती है।

सन्दर्भ

अध्याय–एक

1. दस साल बाद मैं इस पुस्तक के लेखक, एक उल्लेखनीय अंग्रेज़ पीटर हावर्ड से मिला।
2. महादेव देसाई, *द स्टोरी ऑफ़ बारडोली,* अहमदाबाद : नवजीवन, 1987, पृ. 108।
3. *द कलेक्टेड वर्क्स ऑफ़ महात्मा गांधी,* नयी दिल्ली : प्रकाशन विभाग, भारत सरकार, खण्ड 90, पृ. 127; एन.वी. गाडगिल, गवर्नमेंट फ्रॉम इनसाइड, मेरठ : मीनाक्षी, 1968, पीपी 184-85; के.एम. मुंशी, पिल्ग्रिमेज़ टू फ्रीडम, बॉम्बे : भवन, 1967, पीपी 559-61।
4. सच्चिदानन्द सिन्हा, इक़बाल, इलाहाबाद में उद्धृत : राम नारायण लाल, 1947, पीपी 381-82।
5. *सीडब्ल्यूएमजी,* खण्ड 86 पृ. 427।
6. *सीडब्ल्यूएमजी,* खण्ड 90, पृ. 61।
7. *युद्धकाण्ड,* सर्ग 116, छन्द 84-86, *रॉबर्ट पी. गोल्डमैन एट अल* में उद्धृत, रामायण ऑफ़ वाल्मीकि, प्रिंसटन : प्रिंसटन यूनिवर्सिटी प्रेस, 2009, पीपी 493-94।
8. *लंका काण्ड, रामचरितमानस,* चौपाई 182-6-79-1-6।
9. महासभा नेताओं के साथ नायर के सम्बन्धों का विस्तार से वर्णन कृष्णा झा और धीरेन्द्र के. झा, *अयोध्या : द डॉर्क नाइट,* नयी दिल्ली : हार्पर कॉलिंस, 2012 में किया गया है।
10. *नायर का उत्तर प्रदेश के मुख्य सचिव को पत्र,* पी.वी. नरसिम्हा राव, अयोध्या : 6 दिसम्बर, 1992 में उद्धृत, नयी दिल्ली : पेंगुइन, 2006, पृ. 18
11. *रामचन्द्र गांधी, सीता की रसोई : ए टेस्टीमोनी ऑफ़ फेथ एंड इनक्वायरी,* अल्बानी : स्टेट यूनिवर्सिटी ऑफ़ न्यूयॉर्क प्रेस, 1992।
12. दीप्तिमान तिवारी, *राम टेंपल मूवमेंट बिगर दैन अवर फ्रीडम स्ट्रगल : विहिप संयुक्त महासचिव,* इंडियन एक्सप्रेस, 12 दिसम्बर 2021।

अध्याय–दो

1. एन.वी. गाडगिल, *गवर्नमेंट फ्रॉम इनसाइड,* मेरठ : मीनाक्षी, 1968, पृ. 30।
2. *धार्मिक आधार पर भारत का विभाजन एक 'ऐतिहासिक गलती' थी*: राजनाथ सिंह, इंडियन एक्सप्रेस, 13 दिसम्बर, 2021।
3. सी.एच. फिलिप्स और एम. डी. वेनराइट में उद्धृत, *द पार्टीशन ऑफ़ इंडिया,* लन्दन : एलन और अनविन, 1970, पृ. 214।
4. *आज़ाद का पटेल को पत्र* देखें, 13 अगस्त 1945, जी.एम. नन्दुरकर, सरदार पटेल शताब्दी खण्ड, अहमदाबाद में : सरदार वल्लभभाई पटेल स्मारक भवन, 1974-78, खण्ड 4, पृ. 171।
5. *मुंशी की पिलग्रिमेज टू फ्रीडम,* बॉम्बे : भारतीय विद्या भवन, 1967, पृ. 438-40 में उनके और के.एम. मुंशी के बीच हुए पत्राचार में गांधी का समर्थन स्पष्ट रूप से सामने आता है।
6. सीडब्ल्यूएमजी, खण्ड 78, पीपी 122-23, 136-41।
7. वही, पृ. 122-23।
8. मुखर्जी के प्रयासों का वर्णन के.एम. मुंशी ने किया है, जो 1944 में महासभा के क़रीबी थे, ने *पिल्ग्रिमेज टू फ्रीडम* के अध्याय *श्यामा प्रसाद्स एफर्ट्स* , पृ. 83-86।
9. 22 दिसम्बर, 2021 को, वायर ने 17-19 दिसम्बर को उत्तराखण्ड के हरिद्वार में आयोजित 'धर्म संसद' पर एक रिपोर्ट पेश की, जहाँ हिन्दू रक्षा सेना के अध्यक्ष स्वामी प्रबोधानन्द गिरि ने कहा, 'अब और समय नहीं है, अब मामला यह है कि या तो तुम अभी मरने की तैयारी करो या मारने के लिए तैयार हो जाओ, कोई और रास्ता नहीं है। इसलिए म्यांमार की तरह यहाँ की पुलिस, यहाँ के राजनेता, सेना और हर हिन्दू को हथियार उठाना होगा और हमें यह स्वच्छता अभियान चलाना होगा। इसके अलावा कोई उपाय नहीं है। देखें–*हिन्दुत्व लीडर्स एट हरिद्वार इवेंट काल फॉर मुस्लिम जेनोसाइड द वार,* 22 दिसम्बर, 2021।
10. सन्तोष सिंह, *एमएलए सेज टेक अवे मुस्लिम्स वोटिंग राइट्स गेट पार्टी नोटिस,* इंडियन एक्सप्रेस, 26 फ़रवरी 2022।
11. विवेक देशपाण्डे, *विभाजन कैंसर अभी भी है, कीमो की ज़रूरत है*: विहिप प्रमुख, इंडियन एक्सप्रेस, 13 दिसम्बर 2021।
12. नरहरि पारिख, *सरदार वल्लभभाई पटेल,* अहमदाबाद : नवजीवन, 1971, खण्ड 2, पृ. 456

अध्याय–तीन

1. *सीडब्ल्यूएमजी,* खण्ड 87, पृ. 265

2. पत्र दिनांक 21 फ़रवरी, 1948, बी. शिवा राव, द फ्रेमिंग ऑफ़ इंडियाज़ कॉन्स्टिट्यूशन : सेलेक्ट डॉक्युमेंट्स, खण्ड III, डिजिटल लाइब्रेरी ऑफ़ इंडिया।
3. विंसेंट शीन, *नेहरू : द ईयर्स ऑफ़ पावर, न्यूयॉर्क : रैंडम हाउस,* 1960, पृ. 206।
4. दुर्गा दास, *सरदार पटेल का पत्राचार,* अहमदाबाद : नवजीवन, खण्ड 6, पृ. 29-31।
5. मोरारजी देसाई के लेखक से, मुम्बई, 15 अप्रैल, 1987।
6. एंड्रयू मेजर, *रिटर्न ऑफ़ एम्पायर : पंजाब अंडर द सिख्स एंड ब्रिटिश इन मिड नाइनटींथ सेंचुरी,* नयी दिल्ली : स्टर्लिंग, 1996, पीपी 112-13।
7. 1997 में एकल खण्ड में संक्षिप्त, *राजाजी : ए लाइफ़,* नयी दिल्ली : पेंगुइन इंडिया।

अध्याय–चार

1. *माय फ़ादर, डू नॉट रेस्ट* (प्रसारण), ऑल इंडिया रेडियो, 1 फ़रवरी 1948, <https://www.mkgandhi.org/selected%20letters/sarojini/broadcast.htm> पर उपलब्ध।
2. मैथ्यू 5 : 38-39।
3. मैथ्यू 18 : 21-22।
4. नीलम पारिख, *गांधीजी' स लॉस्ट ज्वेल* : हरिलाल गांधी, नयी दिल्ली : राष्ट्रीय गांधी संग्रहालय, 2001, पृ. 18।
5. *यंग इंडिया,* 29 मई 1924।
6. *यंग इंडिया,* 27 नवम्बर 1924; *सीडब्ल्यूएमजी,* खण्ड 25, पृ. 369।
7. किंग्सले मार्टिन, *गांधी : सेंट ओर पॉलिटिशियन?,* <https://www.mkgandhi.org/articles/oct0803.htm> पर उपलब्ध है।
8. 11 सितम्बर, 1947 को एक सिक्ख प्रतिनिधिमण्डल उनसे मिलने आया; *सीडब्ल्यूएमजी,* खण्ड 89, पीपी 171-72, प्यारेलाल का हवाला देते हुए, *महात्मा गांधी : द लास्ट फ़ेज,* अहमदाबाद : नवजीवन, 1958, खण्ड 2, पीपी 438-39।
9. 24 नवम्बर, 1947 को प्रार्थना सभा भाषण, हरिजन, 7 दिसम्बर, 1947; *सीडब्लूएमजी,* खण्ड 90, पृ. 98।
10. *सीडब्ल्यूएमजी,* खण्ड 88, पृ. 37।
11. लक्ष्मीदास गांधी को पत्र, *सीडब्ल्यूएमजी,* खण्ड 6, पृ. 430-35।
12. *सीडब्ल्यूएमजी,* खण्ड 14, पीपी 344-45।
13. टिबोर मेंडे, *कनवर्सेशंस विद नेहरू,* बॉम्बे : विल्को, 1958, पीपी 24-27।

14. गांधी जी ने 24 अप्रैल, 1947 को पटना में कहा कि उन्होंने यह नियम 'कुछ समय पहले' बनाया था। *सीडब्ल्यूएमजी,* खण्ड 87, पृ. 350 देखें।

15. खैरमोडे ने एम.एस. गौर को उद्धृत किया, द *सोशल कॉन्टेक्स्ट ऑफ़ ऑन आइडियोलॉजी : आम्बेडकर्स पॉलिटिकल एंड सोशल थॉट* नयी दिल्ली : सेज, 1993, पीपी 180-81। रोशनलाल शास्त्री, बाबा साहेब डॉ. आम्बेडकर के सम्पर्क में 25 वर्ष, तीसरा संस्करण, नयी दिल्ली : बुद्धिस्ट सोसाइटी ऑफ़ इंडिया, पीपी 32-33 भी देखें।

16. http://ir.nmu.org.ua/bitstream/handle/123456789/136285/c84750eee09ef14b9d6f2addd35994cf.pdf?sequence=1

17. *यंग इंडिया,* 25 सितम्बर 1924; *सीडब्ल्यूएमजी,* खण्ड 25, पृ. 202।

18. *सीडब्ल्यूएमजी,* खण्ड 25, पृ. 305, 417-18।

19. *यंग इंडिया,* 9 अक्टूबर, 1924, *सीडब्ल्यूएमजी,* खण्ड 25, पीपी 22-23।

20. *सीडब्ल्यूएमजी,* खण्ड 73, पृ. 16, मैं एसएन साहू के इस लेख से सतर्क हो गया, *काशी कॉरिडोर इनॉगरेशन : पीएम एंड बीजेपी लीडर्स इनवोक्ड गांधी नेम बट वेंट अगेंस्ट हिज स्पिरिट,* द *वायर,* 17 दिसम्बर, 2021।

21. *सीडब्ल्यूएमजी* में फिर से प्रस्तुत वार्ता पर आधारित, खण्ड 88, पीपी 122-23।

22. *ईबीआईडी,* पृ. 123।

23. *सीडब्ल्यूएमजी,* खण्ड 89, पृ. 51।

24. 2 नवम्बर 1947 *सीडब्ल्यूएमजी,* खण्ड 89, पीपी 403-4 पर प्रकाशित लेख। 17 दिसम्बर 2021 को साहू के लेख से मुझे इस लेख के बारे में सचेत किया गया।

25. प्यारेलाल, *लास्ट फेज,* पृ. 675-76।

26. *सीडब्ल्यूएमजी,* खण्ड 90, पीपी 526-28।

अध्याय–5

1. *सीडब्ल्यूएमजी,* खण्ड 75, पृ. 147।

2. निधि सुरेश, *अ ईयर आफ़्टर हाथरस गैंगरेप, विक्टम्स फ्रेंड डिटेलन अ हिस्ट्री आफ़ हैरेसमेंट,* न्यूज़लॉन्ड्री, 22 सितम्बर 2021; बिस्मी तस्कीन और मनीषा मण्डल, *हाथरस वुमैन्स फैमिली सेज दे नो व्हाट वुड हैव सेव्ड हर–बीइंग अ पण्डित आर ठाकुर,* द *प्रिंट,* 30 सितम्बर; अमिल भटनागर, *सिद्दीकी कप्पन मुसलमानों को भड़काते हैं, उन्हें पीड़ित के रूप में चित्रित करते हैं, यूपी एसटीएफ ने आरोप पत्र में कहा,* इंडियन एक्सप्रेस, 1 अक्टूबर 2021।

3. *साइमन विसेंथिल* में उद्धृत, *द सनफ्लावर : ऑन द पॉसिबिलिटीज एंड लिमिट्स ऑफ़ फॉरगिवनेस*, न्यूयॉर्क : शॉकेन, 1997, पृ. 247।

4. रुद्रांशु मुखर्जी, *टैगोर और गांधी : वॉक अलोन, वॉक टुगेदर*, नयी दिल्ली : एलेफ बुक कम्पनी, 2021, पीपी 83-84।

5. सीडब्ल्यूएमजी, खण्ड 87, पृ. 18।

6. हन्ना एलिस पीटरसन, *माइंड-ब्लोइंग ट्रेजेडी : डेथ आफ़ इंडियन फैमिली एट यूएस-कनाडा बार्डर पुट्स वीसा सेल्स अंडर स्क्रूटनी द गार्जियन*, 6 फ़रवरी, 2022।

7. शेखर गुप्ता, *लेट देम ईट कम्युनलिज़्म : योगी' पोल पिच मे वर्क बट हार्डलैंड 'स जॉबलेस फ्यूरी इंडेजर्स इंडिया*, द प्रिंट, 29 जनवरी 2022।

8. चार धाम पैनल चीफ़ रिजाइंस, सेज हिज बिलीफ़ शैटर्ड, इंडियन एक्सप्रेस, 12 फ़रवरी, 2022।

9. रवि बघेल और मार्कस नुसेर, *सिक्योरिंग द हाइट्स : द वर्टिकल डाइमेंशन ऑफ़ द सियाचिन कॉन्फ्लिक्ट बिटवीन इंडिया एंड पाकिस्तान इन ईस्टर्न काराकोरम*, पॉलिटिकल ज्योग्राफ़ी, 2015, वॉल्यूम 48, पीपी 24-36।

10. एच कपाड़िया, *सियाचिन ग्लेशियर : द बैटल ऑफ़ रोज़ेज़*, नयी दिल्ली : रूपा प्रकाशन, 2010, पृ. 100 का हवाला देते हुए, बाघेल और नुसेर, *सिक्योरिंग द हाइट्स*।

11. लर्जिस्ट कंट्रीज इन द वर्ल्ड *2022*, विश्व जनसंख्या समीक्षा, <https://worldpopulationreview.com/country-rankings/largest-countries-in-the-world> पर उपलब्ध है।

❑❑❑